墨香财经学术文库

"十二五"辽宁省重点图书出版规划项目

国家自然科学基金青年项目（71801032）
教育部人文社会科学一般研究项目（17YJC630105）   研究成果

Research on the Key Technologies
for Supporting Knowledge Sharing
on Enterprise Social Media Platforms

苗 蕊 ◎ 著

企业社交媒体平台中
支持知识共享的关键技术研究

东北财经大学出版社
Dongbei University of Finance & Economics Press

大连

图书在版编目（CIP）数据

企业社交媒体平台中支持知识共享的关键技术研究 / 苗蕊著．—大连：东北财经
大学出版社，2021.5
（墨香财经学术文库）
ISBN 978-7-5654-4187-5

Ⅰ．企…　Ⅱ．苗…　Ⅲ．互联网络-传播媒介-应用-企业管理-知识管理-研究
Ⅳ．F272.4-39

中国版本图书馆CIP数据核字（2021）第075082号

东北财经大学出版社出版发行

大连市黑石礁尖山街217号　邮政编码　116025

网　　　址：http://www.dufep.cn

读者信箱：dufep@dufe.edu.cn

大连永盛印业有限公司印刷

幅面尺寸：170mm×240mm　字数：111千字　印张：8.25　插页：1
2021年5月第1版　　　　2021年5月第1次印刷
责任编辑：高　铭　吴　茜　　责任校对：贺　欣
封面设计：冀贵收　　　　　　版式设计：钟福建
定价：45.00元

本书的研究得到了国家自然科学基金青年项目的资助。项目名称：企业社交媒体中员工工具性和情感性互动网络的形成机理及对工作绩效的影响。项目编号：71801032。起止时间：2019.1.1—2021.12.31。同时，感谢教育部人文社会科学一般研究项目的资助。项目名称：员工对企业社会化媒体的使用行为及其与员工社会资本获取的关系研究。项目编号：17YJC630105。起止时间：2018.1.1—2020.12.31。

序

在当今知识经济时代，市场竞争日趋激烈，市场环境复杂多变，快速调整和适应变化的环境成为企业追求的目标，而员工知识尤其是隐性知识已经成为决定企业竞争优势的关键性战略资源。由于隐性知识具有高度意会性和社会嵌入性，其产生、共享和创新离不开员工间的相互联系和有效互动，因而促进员工间的沟通和协作，在企业内部构建基于人际互动的知识共享网络，对于促进知识的共享和创新、提升企业绩效和竞争力具有十分重要的意义。

作为一种新的促进员工间沟通和协作的工具，企业社交媒体所体现出来的支持团队协作和知识分享、移动化、基于知识的工作流自动化等特性，为员工间高效率、透明化的协作提供了支持，也为支持企业数字化转型所必需的组织变革和业务流程优化奠定了基础。自2020年初，全球爆发的新冠肺炎疫情让钉钉、企业版微信等企业社交媒体工具走进了社会公众的视野，也以一种非同寻常的方式加速了企业社交媒体应用的普及。目前，有关企业社交媒体的研究和实践方兴未艾，在理论研究方面，国外学者长期关注企业社交媒体的示能性和对知识共享、企业绩效产生的具体影响；在管理实践方面，国内企业界聚焦于"数字化转型"，并认为企业社交媒体将在转型过程中发挥使能器的作用。企业界所展现出的前瞻性与学术界对具体问题的关注，以及"国际研究热、国内实践热"等现象，急需我们从更全面的视角和更高的理论深度对企业社交媒体的使用和影响进行研究，并将理论研究成果与中国企业的管理实践相结合，为企业的"数字化转型"贡献力量。

本书基于作者近些年在知识共享与企业社交媒体领域的研究成果，从技术的视角对企业社交媒体中知识地图的构建、热点主题推荐、社区发现、用户建模、专家发现和协作者推荐算法等能够支持知识共享的关键技术进行了深入、系统的研究。本书的研究成果在理论上有较强的前瞻性和创新性，在实践中也有广泛的实用性，有助于企业克服员工们在企业社交媒体平台中知识共享的障碍。希望本书的研究成果能够为企业社交媒体平台的设计和建设提供借鉴意义，使企业社交媒体真正发挥出其在知识共享与创新上的作用，并进一步触发产品和服务的创新以及业务流程的再造，进而推动企业的"数字化转型"。

刘　鲁

北京航空航天大学经济管理学院

2021 年 1 月 21 日

前言

　　近年来，随着Facebook、Twitter和微博等社交媒体平台的盛行，越来越多的企业开始将社交媒体应用于企业内部，这种应用于企业内部的社交媒体平台被称为企业社交媒体（Enterprise Social Media，ESM）。企业社交媒体被认为有利于打破组织中水平和垂直的边界，促进员工间的沟通与协作，支持知识的共享与创新，改善员工绩效和企业绩效。然而，目前许多企业社交媒体平台中员工的知识共享并没有达到期望水平，究其原因是由于企业社交媒体的示能性可能会造成信息过载、社交过载和沟通过载等问题，从而降低员工使用企业社交媒体平台的意愿。除了管理制度上的保障和激励机制之外，先进的技术工具可以帮助用户快速定位平台中相关的知识和相关的专家，有效地解决信息过载、社交过载和沟通过载等问题，促进企业社交媒体平台中员工显性知识和隐性知识的共享。

　　基于此，本书针对现有的从技术视角研究企业社交媒体中知识共享的相关研究不足这一问题入手，对企业社交媒体平台中知识地图的构建、热点主题推荐、社区发现、用户建模、专家发现和协作者推荐算法等能够支持知识共享的关键技术进行了深入系统的研究，以促进员工间显性和隐性知识的共享，实现知识创新。本书的研究成果将为企业社交媒体平台的设计和建设提供借鉴意义，保证企业社交媒体平台可以持续、健康地发展，也使企业社交媒体平台能真正发挥出其在知识共享和知识创新上的作用。本书内容主要包括以下7章：

第1章绪论，介绍了本书的研究背景和研究意义，并阐述了本书的研究内容和研究方法。

第2章企业社交媒体与知识共享，介绍了企业社交媒体和知识管理的相关概念，并阐述了企业社交媒体平台对员工知识共享活动的支持以及阻碍。

第3章企业社交媒体平台中知识地图的构建，提出了基于自组织映射网的层级成长单元结构算法，对用户发布的文档形式的知识进行聚类，确定知识所属的类别以及类别间的层次关系，并自动确定每一类所代表的主题，构造层级知识地图。

第4章企业社交媒体平台中热点主题的识别与分析，针对代表着平台用户集体兴趣的热点主题，采用数据流状态建模的方法，研究主题活跃度的建模和热点主题的识别，从而找出平台内存在的热点主题推荐给用户。此外，还采用了时间序列聚类算法对不同主题的活跃度变化模式进行了分析。

第5章基于主题模型的社区发现算法，借助主题模型，提出了结合用户间交互关系和讨论内容的社区发现算法，挖掘平台中隐含的用户子社区，并得到以主题表示的子社区成员的共同兴趣，在此基础上构建了社区用户的兴趣模型。

第6章企业社交媒体平台上的专家发现与协作者推荐，提出了基于知识关联度和社会关联度的专家发现算法，利用第5章的研究成果和概率模型计算用户间的知识关联度，采用社会网络分析方法计算用户间的社会关联度，综合考虑知识关联度和社会关联度，找到相关的专家；并在第5章研究的基础上，设计了一个协作者推荐算法，为用户推荐潜在的协作者。

第7章结论与展望，主要对本书的研究工作进行总结，概括了本书所取得的研究成果和主要创新点，并分析了研究的不足和进一步的研究方向。

本书主体内容来源于作者的博士学位论文以及国家自然科学基金青年项目（No.71801032）、教育部人文社会科学一般研究项目（No.17YJC630105）的研究成果。

作　者
2021年4月

目录

第1章 绪论

1.1 研究背景

随着经济全球化和知识经济的发展，知识管理已经成为企业在知识经济时代制胜不可或缺的一把利刃，因而也得到了学术界和实践界的广泛关注。一般来说，知识管理的核心活动应该包括知识的获取、共享、应用和创新等一系列知识处理过程。其中，知识共享是知识管理研究中的关键问题（韦俊仲和陈巍，2008）。它可以促进不同知识在不同群体之间充分流动，减少知识生产的重复性投入问题，以最大限度地节约知识获取的成本。知识共享是充分利用知识的前提，它贯穿于知识创新活动的始终，是知识创新的重要手段和催化剂。但是企业中的重要知识散落在各单位、各部门以及每个员工身上，知识共享因要面对来自知识共享主体、组织和技术等各方面的障碍，而无法自动实现，因此，如何促进组织成员间的知识共享，从而推动他们的知识创新活动是知识管理研究中的热点问题。

近年来，随着Facebook、Twitter和微博等社交媒体平台的盛行，越来越多的企业开始将社交媒体应用于企业内部，作为一种新的促进员工间沟通和协作的技术。企业社交媒体（Enterprise Social Media，ESM）是一个应用于企业内部，基于Web的，综合应用微博、博客、即时通信、内容社区和社交网络等媒介工具的集成平台（Mcafee A.，2006），其具备基本的沟通协作的技术特征，且通过提供新的社交特性允许员工之间进行多样的互动。因而，企业社交媒体被认为有利于打破组织中水平和垂直的边界，促进员工间的沟通与协作，支持知识的共享与创新，改善员工和企业绩效（Leonardi等，2013；Kügler和Smolnik，2014；Von Krogh，2012）。明道的创始人任向晖指出，利用社交媒体的模式来改进企业内部的沟通透明度、协作扁平度以及进一步促进知识分享是现代企业加强竞争力的必然选择。基于此，越来越多的企业开始在其内部推进企业社交媒体的应用，并且出现了许多成熟的商业软件产品，如Yammer，Jive，IBM Connection，钉钉和明道等。然而与其他的信息技术一样，企业社交媒体的应用并不会自动带来收益，收益的产生取决于员工如何使用。因此，员工对企业社交媒体的使用如何转化为员工在知识共享和工作绩效提升上的收益，一直是学术界和企业界关注的一个焦点问题。

1.2 研究意义与目的

对已有有关企业社交媒体与知识共享的文献进行分析可以发现，大多数的文献都是从管理视角，对企业社交媒体支持知识共享的示能性，以及企业社交媒体平台中用户知识贡献的动机因素和激励机制进行研究，从而解决知识过少的问题；而从技术视角，深入系统地研究能够支持社交媒体用户知识共享的各种知识管理工具的文献相对较少。信息技术对知识共享的支持体现在解决知识爆炸的问题上，即帮助社交媒体用户快速地找到相关的知识和相关的协作者，并提供通信机制，保证恰当的知识可以在恰当的时间传递给恰当的人，实现显性知识和隐性知识的共享。所以，研究企业社交媒体中能够支持显性和隐性知识共享的各种关键技术仍然具有十分重要的意义。

支持知识共享的信息技术工具可分为两类：支持显性知识共享的工具和支持隐性知识共享的工具。首先，为了支持显性知识共享，使用户能够快速地找到所需的显性知识，也就是其他用户发布的各种文档和讨论记录，可提供知识库、知识地图、知识检索和知识推荐等功能。知识库实现了对显性知识的有效存储。知识地图提供了对知识库中存储的显性知识的有效组织，其导航功能可以帮助用户以逐级浏览的方式找到所需的知识。在用户有明确的知识需求的情况下，知识检索功能可以帮助用户迅速地定位所需的知识。而知识推荐则是变传统的被动的"拉"式服务为主动的"推"式服务，根据用户的历史行为学习用户的兴趣，向用户推荐能够满足他们兴趣的相关知识。知识地图、知识检索和知识推荐三者相结合可以保证在不同的情况下，用户的显性知识需求都能够得到满足，有利于促进显性知识的共享。其次，由于隐性知识是存在于用户的头脑中的，为了促进隐性知识的共享，企业社交媒体平台还可以提供专家发现的功能，当用户提出查询请求时，能够准确、快速地找到那些掌握相关知识的专家，同时还应能根据用户的历史行为和兴趣，主动为他们推荐潜在的协作者，并帮助他们建立协作网络。专家发现和知识推荐共同的前提是构建用户的模型，分析用户的历史行为，构建用户的专业知识模型和兴趣模型。此外，由于企业社交媒体具有社会性，用户自发形成的隐性的子社区对于分析用户的兴趣和理解用户间知识的创造和表示，促进隐性知识共享也具有十分重要的意义。

结合以上的分析和已有的研究，本书认为，在企业社交媒体平台中支持知识共享的关键技术包括：知识地图、知识检索、知识推荐、专家发现、协作者推荐、用户建模和社区发现。其中，知识地图、知识检索和知识推荐是支持显性知识共享的关键技术，专家发现、协作者推荐和社区发现是支持隐性知识共享的关键技术，而用户建模则是专家发现和知识推荐的基础。

本书针对现有的从技术视角研究企业社交媒体中知识共享的相关研究不足这一问题，对企业社交媒体平台中知识地图的构建、热点主题推

荐、社区发现、用户建模、专家发现和协作者推荐算法等能够支持知识
共享的关键技术进行了深入系统的研究，以促进员工间显性和隐性知识
的共享，实现知识创新。本书的研究成果将为企业社交媒体平台的设计
和建设提供借鉴意义，保证企业社交媒体平台可以持续、健康地发展，
也使企业社交媒体平台能真正发挥其在知识共享和知识创新上的作用。

1.3 研究内容与研究方法

1.3.1 研究内容

本书借助信息提取、机器学习和社会网络分析技术，研究企业社交
媒体平台中知识地图的创建、热点主题的识别、社区发现、用户建模、
专家发现和协作者推荐算法，从而在企业社交媒体平台中构建一个更有
益于知识共享的环境，促进员工间显性和隐性知识的共享，进一步推动
企业的知识创新活动。这些理论研究成果将为企业社交媒体平台的设计
和开发提供借鉴意义，提高员工知识共享水平，保证企业持续、健康
发展。

1.3.2 研究方法

本书的研究突出理论和实践相结合的原则，综合运用管理科学、计
算机科学和社会科学等多学科的研究方法，在各部分的研究中都以相应
的理论研究作为基础，并结合各自的数据集合进行了实验，对提出的理
论方法加以验证。

本书用到的理论方法和其对应的章节见表1-1。

表1-1　　　　　　　本研究中用到的理论方法和其对应的章节

理论方法	章节	说明
自组织映射网（SOM）	第3章	改进自组织映射网算法对用户发布的文档聚类；使用LabelSOM算法确定每一类的主题
隐马尔可夫模型	第4章	主题活跃度的建模和热点主题的识别

续表

理论方法	章节	说明
时间序列聚类算法	第4章	对不同主题讨论帖数量的时间序列聚类,分析不同主题的活跃度变化模式
LDA主题模型	第5章	改进 Latent Dirichlet Allocation 主题模型,加入社区变量,发现隐含的子社区
语言学的概率模型	第6章	计算用户间的知识关联度,用于专家发现
社会网络分析	第6章	计算用户间的社会关联度,用于专家发现

第2章　企业社交媒体与知识共享

2.1　企业社交媒体

2.1.1　企业社交媒体的概念

企业社交媒体（Enterprise Social Media，ESM）是最近出现的用于企业内部员工交换信息和沟通协作的社交平台。已有的学者在研究企业社交媒体时使用了不同的术语，如企业 2.0（Enteprise 2.0），企业社交媒体，企业社交网络（Enterprise Social Networks，ESN）和企业社交软件（Enterprise Social Software）等。McAfee（2006）是最早定义企业社交媒体的学者之一，但他使用的术语是"企业 2.0"。他将企业 2.0 定义为基于一系列 Web 2.0 技术的社会技术，能够为企业中员工的沟通、协作与知识共享提供便利。Leonardi 等（2013）给出的企业社交媒体的定义是被研究企业社交媒体的学者引用最多的。他们将企业社交媒体定义为一个基于 Web 的，综合应用微博、博客、维基百科和社交网络等工具的集成平台。它允许员工们：（1）与特定的同事交流消息或将消息广播给组织中的任何一个人；（2）列出与其有联系的同事的列表；（3）发布、编辑及分类与自己和他人相关的文本和文件；（4）在任意时间查看组织中他人交流、发布、编辑和分类的消息、联系列表、文本和文件。还有一些学者给予了企业社交媒体更为宽泛的定义，他们定义企业社交媒体为一个企业社交网络，旨在让企业中的员工能够组成社区，创建和交换内容（Kügler和Smolnik，2014；Von Krogh，2012）。与用于组织内部通信的其他信息技术，如电子邮件和即时通信工具等相比，企业社交媒体为员工之间提供了一个用户生成内容的共同交流、讨论的平台（McAfee，2009），为员工沟通和互动提供了前所未有的机会。

根据企业社交媒体最初设计时是用于办公还是用于社交，一些学者将其划分为两大类：一类是在办公系统中增加社交元素，即企业办公系统＋社交元素，如钉钉，Yammer等；另一类是将社交软件应用到办公场景中，即社交软件＋办公场景，如微信、微博等（孙元等，2019）。企业社交媒体平台的具体分类及典型应用见表2-1。

表2-1　　　　企业社交媒体平台的具体分类及典型应用

分类	典型应用
企业办公系统＋社交元素	钉钉、明道、金蝶云之家、Yammer、Jive等
社交软件＋办公场景	微信、微博、QQ、Facebook、Twitter等

2.1.2　企业社交媒体的示能性

已有的关于企业社交媒体平台的研究大多不是直接对其特征进行研究，而是从示能性的视角引入，基于企业社交媒体给用户带来的潜能研究其具备的特征。

示能性（Affordances）这一概念来源于生态心理学领域，被Gibbson（1977）用来描述行动体与环境之间的交互作用。在信息系统领域，示能性被用于研究行为体与技术间复杂的交互关系。Savoli和Barki（2013）提出了感知功能示能性来研究信息技术对用户行为的支持程度，即用户感知信息技术的能力和约束。不同用户对同一技术特征会感知到不一样的示能性，从而形成不一样的使用特征和使用效果。因此，从示能性的角度对企业社交媒体进行研究，是理解其如何被使用以及使用会带来什么样的影响的一个很好的切入点，可以更好地关注企业社交媒体本身以及用户对其的感知。Treem 和 Leonardi（2012）和 Leonardi 等（2013）总结的企业社交媒体的示能性包括：沟通的可见性、（内容与人的）关联性、持久性和（内容的）可编辑性。在此基础上，Leonardi 等又通过一系列的研究对企业社交媒体的可见性进行了探讨，研究表明，企业社交媒体的使用可以提高沟通的可见性，进而增加员工的元知识，即 who knows what 和 who knows whom。可见性还有助于对知识搜寻者和知识源之间的关系起到润滑作用，帮助他们更好地获得所需的知识（Leonardi，2014；Leonardi，2015；Leonardi 和 Meyer，2015）。Ulmer 和 Pallud（2014）在 Leonardi 等人研究的基础上，指出企业社交媒体的示能性体现在信息性、关联性、持久性、可见性、可编辑性、可控制性和对沟通模式的重构上。Fulk 和 Yuan（2013）提出企业社交媒体在支持企业知识管理上的示能性体现在定位相关知识（如专家）、激励知识共享与促进社会资本的形成。Majchrzak 等（2013）提出了企业社交媒体在促进组织知识共享上的4个示能性特征，包括：①主动发声，即对他人的资料和发布的内容等作出回应；②引发注意，即通知功能引发用户注意到其感兴趣的内容；③联系的可见性；④自发式的角色承担，即无需组织分配，员工会自动在平台上承担相应角色。Cleveland 和 Ellis（2015）提出企业微博的无处不在性、简洁性、沟通性、订阅性和源身份性对员工知识共享的态度有正向的影响。Ellison 等（2015）指出企业社交媒体在促进组织知识共享上的示能性体现在社会资本的动态性、对关系和交互的支持、保证背景身份的多面性和网络交互。Merz 等（2015）的案例研究表明企业社交媒体在促进团队协作上的示能性体现在：①统一的，集体的，但相关的沟通；②可见的，积极的，但可控的参与；③正式的，有指导的，但灵活的过程；④可重用的，但成熟的信息对象。Osch 等（2015）提出企业社交媒体能够促进社会资本的形成，便于跨边界的协作，让员工注意到未知的新知识和发现社区与联系人，进而影响组织中与沟通相关的流程。Kane（2015）指出，建立和管理社交网络以及发现和获取数字内容是企业社交媒体最重要的两个功能。郑大庆等（2020）总结了企业社交媒体具有8种示能性，并分别属于社会化网络相关的和社会化媒体相关的。这8种示能性的具体含义见表2-2。

表2-2 企业社交媒体的8种示能性

企业社交媒体属性	企业社交媒体示能性	示能性的内涵
社会化网络	行为可见性	企业社交媒体用户之间交流的行为能够被观察到
	关联性	企业社交媒体可以创建和维护多个用户和组织之间的联系
	中心性	用户处于企业社交媒体网络中心的程度
	网络外部性	连接到一个企业社交媒体网络的价值取决于已经连接到该网络的其他人的数量
社会化媒体	内容可见性	企业社交媒体用户之间交流的内容能被观察到
	可编辑性	企业社交媒体的用户可以修改发布的内容，通过编辑和修订的方式提高信息质量
	持续性	企业社交媒体上的信息可以被长久保留，组织中的其他用户不需要参与最初的沟通就可以参与学习和讨论
	多样性	企业社交媒体信息功能、形式和网络结构、用户本身存在差异

资料来源：郑大庆，王雨，陈文波. 企业社会化网络如何影响企业价值创造？——一个研究述评［J］. 外国经济与管理，2020，42（7）：137-152.

2.1.3 企业社交媒体平台用户使用行为的研究

现有的文献主要从使用目的的角度对员工对企业社交媒体的使用行为进行了划分，主要划分为认知型使用、社交型使用和享乐型使用三类行为。其中，认知型使用是指员工通过使用企业社交媒体来获取知识和完成任务，社交型使用是指员工通过使用企业社交媒体来建立和维持与他人的联系，享乐型使用是指员工通过企业社交媒体来放松和娱乐，相关的文献见表2-3。

表2-3　　已有文献对企业社交媒体使用行为按使用目的的分类

分类	文献
工作相关的使用和享乐相关的使用	Huang等（2015）
工作相关的使用和社交相关的使用	Ding等（2015）；Gonzalez等（2013）；Sun和Shang（2014）
消费型使用、贡献型使用、享乐型使用和社交型使用	Kügler和Smolnik（2014）
便利型使用、享乐型使用和实用型使用	Cummings和Reinicke（2014）
社交型使用、享乐型使用和认知型使用	Ali-Hassan等（2015）
任务导向型使用和关系导向型使用	Liu等（2014）
探索型使用和开发型使用	Raeth等（2011）

在对使用行为的分析上，Behrendt等（2014）认为，可以使用活动数据、内容数据、关系数据和体验数据来描述员工对企业社交媒体的真实使用行为。这4个维度的数据可以相互验证和补充，以提供对企业社交媒体使用情况的整体描述。基于此，本书也从数据来源的4个维度对已有的研究进行了梳理，相关文献见表2-4。

表2-4　　　　　有关企业社交媒体使用行为的研究文献

数据来源	含义	文献
活动数据	来自系统日志、cookies等的使用数据	罗念龙等（2012）；Huang等（2015）；Kai等（2015）；Pan和Millen（2008）；Stieglitz等（2014）
内容数据	系统中的用户生成内容，如消息、微博、博客、评论和状态更新等	Krüger等（2013）；Park等（2015）；Richter等（2011）；Richter等（2013）；Richter和Riemer等（2013）；Riemer等（2010）；Risius和Beck（2014）；Seebach（2012）
关系数据	员工使用系统所产生的反映用户与用户间、用户与内容间关系的结构数据	Behrendt等（2015）；Berger等（2014）；Li等（2015）
体验数据	员工通过问卷、访谈等方式自我报告的系统使用数据	孙元等（2015）；Alarifi等（2015）；Cardon和Marshall（2015）；Figueroa和Cranefield（2012）；Cummings和Reinicke（2014）；Engler等（2015）；Harden（2012）；Liu和Rau（2014）；Murthy和Lewis（2015）；Sun和Shang（2014）

在使用活动数据的研究中，Pan和Millen（2008）分析了员工在企业内部的社会书签系统上的收藏和打标签的行为。罗念龙等（2012）采用使用程度、波动幅度和使用轨迹三个指标描述了员工对企业内部博客的随时间变化的使用行为。Huang等（2015）研究了企业社交媒体上内容的产生与消费过程，结果表明与享乐相关内容的产生与消费行为会对与工作相关内容的产生与消费行为产生正向的溢出效应。Stieglitz等（2014）利用员工对企业社交媒体的使用数据，研究表明员工在企业社交媒体平台的活动水平（以发表的消息数来度量）对信息传播的影响要大于其在组织中的正式层级结构对信息传播的影响，并且员工对企业社交媒体平台使用越成熟，沟通网络的结构在各层级间的组成会更均衡（Kai等，2015）。

在使用内容数据的研究中，研究者通过内容分析和体裁分析等方法旨在弄清楚员工使用企业社交媒体的意图和模式。Seebach（2012）采用内容分析的方法对某国际金融企业的微博进行了分析，分析了员工搜寻的知识的类别，如寻求意见、推荐和帮助等，以及不同的知识类别对他人的回复时间和回复质量的影响。Risius和Beck（2014）对企业社交媒体平台上的消息进行了定性和定量的分析，他们将员工的沟通类型划分为4类，即事实信息、自我陈述、关系指示和吸引。Riemer等（2010）对企业微博和Twitter等公共微博平台上的内容做了体裁的对比，发现两者有显著的不同，企业中的员工更多地使用企业微博来解决工作相关的问题。Richter和Riemer等人对多家企业内部的社交媒体平台上的内容做了体裁分析和横向的比较，发现企业的组织情景不同，员工对企业社交媒体的使用模式也不同，而组织情境相似的企业，其使用模式也相似，企业的管理层应该为企业社交媒体的采纳与使用提供合适的情境（Richter等，2011；Richter等，2013；Richter和Riemer等，2013）。Park等（2015）对某企业微博进行了内容分析，分析了微博系统中沟通的类型和知识的类型。研究表明，随着企业的发展，企业微博系统的使用逐渐从对显性知识的管理过渡到对隐性知识的管理。

使用关系数据的研究均采用了社会网络分析法，对网络的中心性、关系强度等指标进行分析。Behrendt 等（2015）分析了员工所处的组织层级对员工在企业社交媒体平台上构建的沟通网络的网络位置和连接模式的影响。Berger 等（2014）识别了企业社交媒体平台上关键用户（即获得了最多点赞数和书签数的用户）的网络结构特征，发现他们都位于好友网络和活动网络的中心位置。Li 等（2015）利用真实的数据度量了员工的结构、关系和认知社会资本，并表明员工的社会资本与对企业博客的阅读行为正相关。

使用体验数据的研究与其他的研究相比在数量上是最多的。这些研究使用的数据主要来自两个渠道，一是通过问卷和访谈获取的，二是通过实验方法获取的。Murthy 和 Lewis（2015）对一个科研组织的问卷调查表明，不同年龄的人对企业社交媒体的使用是不同的，年轻人更倾向于使用企业社交媒体去创建协作社区，而年长的人更倾向于使用企业社交媒体去社交。Cardon 和 Marshall（2015）通过问卷的方式调查了商务人士使用企业社交媒体的频率，企业社交媒体在团队沟通与协作上的感知有效性和对企业社交媒体的态度。Figueroa 和 Crane-field（2012）通过访谈的方法研究表明，企业中位于不同管理层级的员工对企业社交媒体在技术特性、采纳和个人技术成功等方面的感知不同会给企业社交媒体的使用带来负面的影响。Harden（2012）研究了信任、风险与收益、关键大多数和社会影响对员工在企业社交媒体平台上的知识共享意图的影响。Sun 和 Shang（2014）基于社会资本理论，收集问卷数据研究发现，员工对社交媒体的与社交相关的使用可以有效促进其与工作相关的使用。Alarifi 等（2015）基于精确可能性模型，采用问卷调查的方法，研究了企业社交媒体平台上企业发布的激励信息对 Lurker 和 Poster 两类用户行为的影响。Engler 等（2015）基于理性行为理论、社会交互理论和期望调整理论，研究了员工在企业社交平台上的初始和持续的知识贡献行为。孙元等（2015）构建了员工持续使用企业内部微博和社会资本互动影响模型，结果表明社会资本中的社会交互连接、信任和认同是决定员工持续使用企业内部微博意向的主要因素，而员工持续使用企业内部微博的行为又能够提升其社会资本。Liu 和 Rau（2014）研究了员工的两类自我构念，即独立和依赖对员工在知识共享时的媒体选择的影响，当与团队外部的人员共享时，依赖型的员工更愿意使用 Wiki 而不是 Q&A 功能，而当与团队内部的人员共享时，在媒体选择上没有显著的差异。Cummings 和 Reinicke（2014）通过实验的方法研究了员工对企业社交媒体的便利型使用、实用型使用和享乐型使用对员工对他人在企业社交媒体上的个人资料的感知的影响。

2.1.4　企业社交媒体的使用对个人及组织的影响

企业希望通过实施企业社交媒体达到改善沟通和协作，促进知识共享和创新，提升运营效率和绩效的目的，因此，企业社交媒体实施后员工的使用行为如何转化为价值一直也是学者们关注的一个重要问题。目前，相关的研究主要涉及个体、团队和组织三个层面。

个体层面的研究重点关注员工对企业社交媒体的使用是如何影响员工个人的社会相关绩效和工作相关绩效的，相关研究见表2-5。社会相关的绩效包括与他人建立紧密的、良好的社会联系，确保工作的安全性等。工作相关的绩效包括任务绩效、创新绩效和决策绩效。Jachson 等（2007）对企业博客的使用为员工带来的收益进行了研究，研究表明社会收益是员工们使用企业博客最重要的目标。活跃用户获得的收益是最大的，同时他们也是系统的核心，能够为其他用户带来收益。DiMicco 等（2009）的研究表明企业社交媒体的使用有利于员工间建立与保持良好的关系。Gonzalez 等（2013）的研究表明，员工对企业社交媒体的社交相关的使用有助于新员工的社会化过程，提高员工对企业的归属感。Leidner 等（2010）的研究也表明企业 2.0 技术的应用有助于增强新员工对企业的归属感，提升他们的精神面貌。Riemer 等（2010）发现企业微博平台可被员工用于提高任务绩效。Kügler 和 Smolnik（2013）提出了一个概念模型用于从个体层面分析员工对企业社交媒体的使用对员工任务绩效、社会连接、决策绩效和创新绩效的影响。

表2-5　　　　　　　个体层面有关企业社交媒体的影响的研究

影响		研究方法	文献
社会相关绩效	关系与工作安全性	访谈、问卷调查	Jachson 等（2007）
		田野研究	DiMicco 等（2009）
		二手数据	Wu（2011；2013）
	社会化过程	问卷调查	Gonzalez 等（2013）
		访谈	Leidner 等（2010）
工作相关绩效	任务绩效	问卷调查	Ali-Hassan 等（2015）；Kügler 等（2015a）；Kügler 等（2015b）；Kügler 和 Smolnik（2013）；Leftheriotis 和 Giannakos（2014）；Suh 和 Bock（2015）；Zhang 等（2015）
		二手数据	Riemer 等（2010）；Riemer 等（2015）；Wu（2011；2013）
	创新绩效	问卷调查	Ali-Hassan 等（2015）；Ding 等（2015）；Kügler 等（2015a）；Kügler 和 Smolnik（2013）
	决策绩效	问卷调查	Kügler 和 Smolnik（2013）

　　Leftheriotis 和 Giannakos（2014）的研究也表明员工对社交媒体的使用与员工的工作绩效正相关。Kügler 等（2015a）发现员工对企业社交媒体的使用会改善员工的任务绩效与创新绩效，将企业社交媒体应用于团队内部的沟通对员工的任务绩效有更大的影响，而将企业社交媒体应用于团队外部的沟通对员工的创新绩效有更大的影响。Ding 等（2015）研究了企业社交媒体的使用对员工的工作压力与创新性间的关系的调节作用，员工对企业社交媒体的与工作相关的使用能强化这一关系，而与社会相关的使用会弱化这一关系。

　　还有一些研究以社交网络结构和社会资本为中介变量，研究了企业社交媒体的使用与员工个人绩效间的关系。Wu（2011；2013）的研究表明员工采纳企业社交媒体的行为会改变员工的网络结构（以结构洞来度量），进而带来信息多样性和社会化沟通两方面的收益，从而提高了员工的工作绩效和工作的安全性。Kügler 等（2015b）通过问卷调查的方法研究表明在企业社交媒体背景下，声誉和关键大多数两个变量会影响员工的社会连接度，而社会连接度会影响员工的工作绩效。Zhang 等（2015）基于适应性理论（Adaptability），研究表明员工对社交媒体的使用可以增加员工间的网络连接，进而提高员工的适应性，最终提高员工的工作绩效。Ali-Hassan 等（2015）发现员工对企业社交媒体的社交型使用、享乐型使用和认知型使用可以增加员工的结构、关系和认知社会资本，进而提高员工的任务绩效和创新绩效。Suh 和 Bock（2015）的研究则表明员工对企业社交媒体的使用会改变员工在组内的中心性以及组间的结构洞，进而对员工的任务绩效起到正向的影响。Riemer 等（2015）发现员工对企业社交媒体的使用所带来的联结型社会资本（Bonding Capital）的增加会提升其工作绩效，而桥接型社会资本（Bridging Capital）的增加与绩效的关系并不显著。

在对企业社交媒体的使用与个体绩效的关系的研究中，任务的特性、工作的虚拟性等被认为对员工使用企业社交媒体与个体绩效间的关系起到调节作用。根据已有文献，本书整理出从个体层面分析企业社交媒体价值的研究框架如图2-1所示。

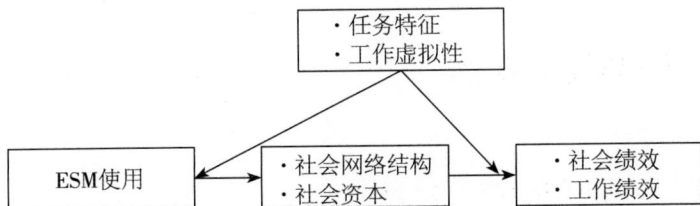

图2-1　企业社交媒体的使用对个体绩效影响的分析框架

从团队层面的研究来看，Liu 等（2014）基于交互记忆系统理论，指出员工对企业社交媒体的使用有助于团队交互记忆系统的构建，进而有助于团队绩效的提高。Raeth 等（2011）将员工对企业社交媒体的使用划分为探索型的使用（即寻找新知识，替代已有知识）和开发型的使用（即通过对现有知识的传播、提炼与重用实现增量学习），并给出了一个多层次的模型用于同时分析企业社交媒体的使用对个体和团队绩效的影响。Gupta 和 Wingreen（2014，2015）的研究表明社交媒体的参与性、协作性与透明性能实现团队成员间更有效的沟通，进而增进团队成员的信任感、满意度和凝聚力，减少团队的冲突。Cummings 和 Dennis（2014）的研究表明虚拟团队成员在企业社交媒体平台上提供的信息的强度会影响成员对团队社会资本的感知，进而影响彼此之间的印象。

组织层面的研究以访谈、案例等定性研究为主。这些研究发现：首先，企业社交媒体的使用有助于促进社会资本的形成，促进组织内部跨地理位置、跨组织层级的有效沟通和跨边界的协作（Gibbs 等，2014；Merz 等，2015；Osch 等，2015）；其次，企业社交媒体能够有效支持企业的知识管理过程（Sigala 和 Chalkiti，2015），包括个体知识管理过程和集体知识管理过程，提高员工的创造性（Razmerita 等，2014）。企业社交媒体能提高知识的可见性，这有利于社会资本的形成，进而促进企业内部知识的共享和整合，特别是有助于隐性知识的共享（金昕等，2013；盛小平和田倩，2011；赵英等，2014；Bibbo 等，2010；Cleveland 和 Ellis，2015；Ellison 等，2015；Fulk 和 Yuan，2013；Majchrzak 等，2013；Zhang 等，2011），从而帮助企业降低成本，提高绩效。Kettenbohrer 等（2015）认为企业社交媒体还能够有效地支持企业的业务流程管理，并给出了相应的管理框架。

2.2 知识与知识管理

2.2.1 知识的概念与分类

数据（Data）、信息（Information）、知识（Knowledge）是三个联系非常密切的词，虽然它们在意义上并不相同，但却经常被混用。Davenport 和 Prusak（1998）在其著作《知识管理》中提到的"数据-信息-知识"层级观念，对三者的特性做了明确的定义与说明。数据是未经过处理和解释的、对现实世界中的对象进行记录的符号。数据本身不具有关联性与目标，因此，数据多未必是件好事。但是，数据是创造信息的重要原料，所以在获得信息的过程中，数据是不可或缺的。信息是经过某种加工处理后的数据，它通常具有某种特定的意义。对于知识，Nonaka

和Takeuchi（1995）认为知识是一种辩证的信念，可提高个体产生有效行动的能力。Davenport和Prusak（1998）从组织的视角认为知识是一种流动性质的综合体，它包括结构化的经验、价值及经过文字化的信息，同时也包括专家独特的见解，为新经验的评估与整合提供架构。人们为了完成任务和创造新的信息要在实践中运用知识。将数据提升为信息，需要对其进行采集、选择、组织、排序、归类等；将信息提升为知识，还需要根据用户的实际需要，对信息内容进行提炼、比较、挖掘、分析、概括、判断和推论。由此可见，信息管理是以信息资源的有序化和结构化为目的，注重信息外部形态的组织和整合；而知识管理则是以知识共享和创新为目的，重点解决信息过载而知识匮乏的问题。数据、信息、知识这三层概念的关系是：数据必须要经过有效的处理才可以变成信息，信息要经过专家的推论才有机会变成知识。

McQueen（1998）结合现实组织知识的存在方式和管理方式，提出了对知识的4个不同角度的认识，见表2-6。

表2-6 　　　　　　　McQueen对知识的4个不同视角的认识

视角	解释
知识是对信息的通路（Knowledge is access to information）	这种知识通常以显性方式表达，比如文档、数据库等方式，其概念范畴已经广义化，不仅包含知识，还包括了数据及信息。在这种情况下，知识管理的含义就在于实现数据、信息和知识的数据库和文件方式的存储以及能够实现对存储数据、信息和知识的灵活访问
知识存在于电子化交流中（Knowledge can be stored in repositories of electronic communication）	这种观点为大多数咨询公司所认可。由于咨询顾问的知识大多是具有浓厚个人色彩的隐性知识，所以建立起不同咨询顾问间通畅的交流渠道非常重要，比如群件系统Lotus Notes就可以使咨询顾问对感兴趣的问题进行充分交流
知识是一种规则的集合（Knowledge is a set of rules）	专家的显性知识可以通过规则的形式表示出来，并借由知识工程、机器学习等技术手段将专家知识提取出来，进而分享给大多数人。另外，企业流程重组也被视为一种用以表达经营过程设计的隐性知识的方法
知识是一种意会或者理解（Knowledge is knowing，understanding）	知识只存在于人而无法通过机械装置来实现。从这种观点来看，信息技术以及知识管理的作用就在于提供一定的技术手段以实现个人知识的增长，并帮助组织达成其目标

归结上述4个角度的认识，大体表现出目前对知识的2种认识（董颖，2003）：

（1）知识通常是指被人消化、理解的信息。它强调了人的学习、理解的能动过程在信息转化成知识过程中的重要性。在这个过程中，以计算机为手段的各种技术可以起到一定的辅助作用。

（2）知识是能够显性表示的信息。这个定义指出了人性化的知识可以映射为计算机化的知识，即存在于人脑中的知识通过强大的知识表示支持，是可以映射到计算机系统里而显示出来的。这个定义意味着改进IT技术有可能改善知识的利用，对于实现基于计算机的知识管理系统具有重要意义。

经合组织（OECD）（1997）在《以知识为基础的经济》报告中，将知识分成了4种：Know-what、Know-why、Know-how和Know-who。Know-what是指关于事实方面的知识；Know-why是指原理与规律性的知识；Know-how是指做某些事的技巧、诀窍与能力；Know-who是指知道何人具有何种知识和能力的知识。

Polanyi（1962，1967）及Nonaka和Takeuchi（1995）将知识分为隐性知识（Tacit Knowledge）和显性知识（Explicit Knowledge）。这种隐性与显性知识的分类是知识管理领域中最重要的知识分类结构。隐性知识是指高度个性化，难以正式化，只可意会不能言传，而且深植在个人的经验、判断、联想、创意和潜意识的心智模式内的知识。显性知识是指可以用文字、数字、图形或其他象征物清楚表达（如手册、书本和程序）的知识，即可定义、可获取的知识，而且沟通容易。

2.2.2　知识管理的概念与流程

由于知识的概念很广泛，因此，知识管理本身的定义也相当多样化，以下列举几位重要学者对知识管理的定义（林东清，2005）。

Petrash认为，知识管理是指将适当的知识在适当的时间给适当的人，使其能做出最佳的决策。

Wiig认为，知识管理是指组织有系统、明确地对其知识资产进行充分的探索与运用，以提升组织内相关工作绩效，并能达到报酬的极大化。

Beckman 认为，知识管理是指组织利用正式的管理渠道获取有用的经验、知识和专业能力，使其能帮助组织创造新能力、提升绩效、促进研发并强化顾客的价值。

林东清（2005）在总结上述的定义后，将知识管理定义为：组织为了提高生存能力和竞争优势，对于存在于组织内外部的个人、群组或团体内有价值的知识，进行系统的定义、获取、存储、分享、转移、利用和评估等工作。

一般来说，知识管理的核心活动应该包括知识的获取、共享、应用和创新等一系列知识处理过程（Dieng，2000），这也是知识管理的流程。知识获取是指对组织的现有知识进行收集、分类和存储的过程，其结果是把知识资源以清晰合理的模式和科学有效的模型加以表示和组织。知识共享在知识清晰表达的基础上，进行交流，把分布在各处的知识传递给需要的人。知识应用是指在获得所需要的知识后去解决问题的过程。而知识创新是在知识应用于实践的过程中，产生新的知识的过程。虽然知识管理的流程大致是按照获取、共享、应用和创新的步骤先后进行的，但实际上有许多步骤是同时发生的，几个步骤之间也会重复循环，这些步骤之间实际上并没有固定的线性顺序，也没有一定的源头。

在知识管理的流程中，知识共享是知识管理的关键，它是充分利用知识的前提，是知识创新的初始阶段。Nonaka（1994）认为一个组织或社区本身并不能创造知识，只有组织或社区成员所拥有的知识财富在集体中经过共享、讨论、分析之后，才能激发组织或社区的知识创新能力。在创新过程中最为关键的一个因素便是成员的知识共享。

知识共享参与知识创新的4个过程，事实上就是一个隐性知识与显性知识通过社会化（Socialization）、外化（Externalization）、综合化（Combination）、内化（Internalization）进而达到知识共享和知识创新的过程，也就是 Nonaka 的 SECI 模型理论（Nonaka，1994）。SECI 模型以隐性知识和显性知识的转换来说明知识动态的创造与成长过程，如图 2-2①所示。

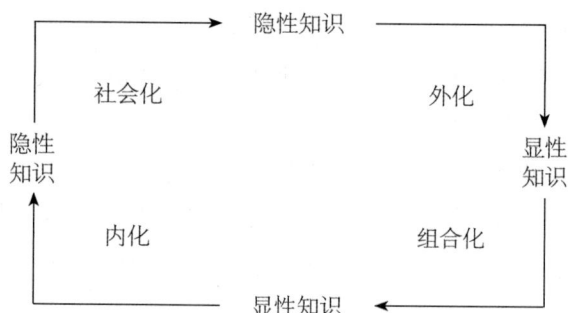

图 2-2　隐性与显性知识的转换

1）内化：显性→隐性

内化是指将显性知识转换为隐性知识的过程，个体可以将理论知识和实践学习相结合。例如，手册研读、利用专家系统培训或通过信息的分析与解释，使个体改善其技能与知识。

2）社会化：隐性→隐性

社会化是指将隐性知识，如经验、价值及行为模式，通过隐性学习和同化的过程，由某一族群（个体、团体或组织）转移至另一族群而产生知识转移的过程。例如，通过师徒制观察、模仿、练习并潜移默化的过程。

3）外化：隐性→显性

外化是指将隐性知识外化转换为可定义并能诉诸文字的显性知识的过程。例如，程序设计师设计程序，专家整理出专家系统等。

4）组合化：显性→显性

组合化是指将现有不同的显性知识，通过分析、分类、分享及重组等而产生新的显性知识的过程，即达到1+1>2的效果。

经过以上4个过程，个人和组织就实现了知识的共享与创新，并且在知识共享到知识创新的过程中，个人和组织的知识规模也是螺旋上升的。

---

① 林东清. 知识管理理论与实务［M］. 北京：电子工业出版社，2005：211.

2.2.3　知识共享

对于知识共享内涵的描述，国内外学者因研究的出发点及视角的差异，对其概念的描述亦有不同，总结相关文献，赵文军（2019）认为知识共享的概念可归纳为以下5类：

1）学习视角的知识共享

这种观点强调通过持续的、动态的学习过程实现知识共享，该学习过程不仅表现为知识在个体间的转移，在团队、组织内的扩散，还表现为知识接受者的内化过程，即通过知识的吸收、整合以及在实际中的运用，创造新知识、形成新能力的过程。

2）转化视角的知识共享

这种观点源于图2-2所示的Nonaka的SECI模型理论。它将组织内的知识分为显性知识和隐性知识，强调显性知识和隐性知识在组织内不同层次的转化过程。

3）沟通视角的知识共享

持有这种观点的学者认为，知识共享是建立在知识拥有者以及知识重建者之间的互动的基础上的。

4）交易视角的知识共享

这种观点强调知识共享发生在一个与商品市场或服务市场相类似的知识市场里，将知识看作一种经济资源，这种资源的有用性和稀缺性使知识的拥有者可以将其用来交易，即知识共享的表现形式为知识交易。

5）系统视角的知识共享

持有这种观点的学者强调通过企业内部知识管理系统的构建或信息技术的改进，来克服知识共享的时间障碍和空间障碍，作为提供知识共享效率的工具和手段。许多学者认为应用信息技术可以扩大知识共享的范围并提高共享效率。

本书基于系统视角的知识共享，对已有相关文献中提到的能支持知识共享的信息技术工具进行了总结，总结的结果见表2-7。

表2-7 支持知识共享的信息技术工具

信息技术工具	研究者
知识库	姜益民和乐庆玲（2008）；刘佳等（2006）；徐小龙和王方华（2007）；Barrett et al.（2004）；Huang等（2008）；Malte等（2004）；Merali和Davies（2001）；Wang等（2008）
知识地图	姜益民和乐庆玲（2008）；刘佳等（2006）；徐小龙和王方华（2007）；Bieber等（2002）；Hoadley和Kilner（2005）；Merali和Davies（2001）
知识检索	姜益民和乐庆玲（2008）；刘佳等（2006）；Hoadley和Kilner（2005）；Merali和Davies（2001）；Huang等（2008）；Wang等（2008）
用户建模	姜益民和乐庆玲（2008）；刘佳等（2006）；Hoadley和Kilner（2005）；Huang等（2008）；Malte等（2004）；Merali和Davies（2001）；Portillo-Rodriguez等（2007）；Roda等（2003）；Wang等（2008）
知识推荐	姜益民和乐庆玲（2008）；刘佳等（2006）；Merali和Davies（2001）；Portillo-Rodriguez等（2007）；Roda等（2003）；Wang等（2008）
专家发现	Hoadley和Kilner（2005）；Huang等（2008）
社会化网络	姜益民和乐庆玲（2008）；刘佳等（2006）；Wang等（2008）
实时交互	姜益民和乐庆玲（2008）；刘佳等（2006）；徐小龙和王方华（2007）；Barrett等（2004）；Bieber等（2002）；Huang等（2008）；Malte等（2004）；Wang等（2008）

如前所述，知识既有显性知识又有隐性知识，知识共享也可以分为显性知识共享和隐性知识共享。从显性知识和隐性知识的角度可以将表2-7中支持知识共享的信息技术工具分为两类：支持显性知识共享的工具和支持隐性知识共享的工具，见表2-8。对显性知识共享的支持重点在于支持结构化知识的有效记录、组织和存储，以及对它们的传递与获取。这一类别中的信息技术工具包括：知识库、知识地图、知识检索和知识推荐。而对隐性知识共享的支持重点在于支持员工们在线自由互动和讨论等社会化的行为，这一类别中的信息技术包括：专家发现、子社区和实时交互。

表2-8　　　　　　　　　支持知识共享的信息技术工具的分类

支持显性知识共享的信息技术工具		支持隐性知识共享的信息技术工具
组织和存储	知识库 知识地图	专家发现 子社区 实时交互
获取	知识检索 知识推荐	

2.3　企业社交媒体与知识共享间的关系

基于前面对知识的分类，企业社交媒体平台中的知识也可以分为显性知识和隐性知识，前者包含用户发布的状态更新、消息、文档和讨论记录等，后者则来源于平台用户的大脑（罗念龙等，2012）。在企业社交媒体平台中，知识共享包括两层含义，第一层含义是指平台用户之间互相传递和交流知识，比如一些用户提出问题，另外的用户给出解决问题的答案，或者是用户在平台上发帖子主动介绍自己的经验和技能知识；第二层含义是指企业社交媒体平台作为知识主体提供知识给用户，用户贡献知识给平台，平台与用户之间互相分享知识，具体表现为平台收集整理用户交流过程中留下的知识记录，用户向平台查询某一主题的有关知识。企业社交媒体平台为员工间的知识共享提供了一个新的平台，能够使员工与分散在不同团队、不同部门和不同地域的其他员工分享知识。企业社交媒体平台与知识共享间的关系体现为：企业社交媒体平台对知识共享的支持作用，企业社交媒体平台中知识共享的障碍。

2.3.1　企业社交媒体平台对知识共享的支持作用

企业社交媒体平台可以通过员工社会资本的增加、组织交互记忆系统的发展对员工间的知识共享提供支持（Sun等，2019）。本书对已有研究中提出的企业社交媒体平台支持知识共享的示能性进行了归纳与总结，具体如下：

（1）企业社交媒体的可见性。可见性是指在企业社交媒体平台上，用户的联系人、用户的知识和用户间的交流行为是对其他用户可见的。一些研究已经证实可见性可增加员工的元知识，即谁掌握什么知识和谁认识谁，而元知识是员工间实现知识共享、知识协作和知识转移的关键必要条件，可以帮助员工成功地获取所需的知识（Engelbrecht 等，2019）。此外，交互记忆系统的相关文献认为组织交互记忆系统的发展也离不开组织内部对元知识的积累。此外，沟通可见性还有助于对知识搜寻者和知识拥有者之间的关系起到润滑作用，帮助他们更好地获得所需的知识（Leonardi，2014；Leonardi，2015；Leonardi 和 Meyer，2015）。

（2）企业社交媒体的可关联性。可关联性既包括人与人的关联性，也包括人与内容、内容与内容之间的关联性。人与人之间的关联性是指企业社交媒体平台上用户之间建立的好友关系以及关注-被关注关系等。人与内容的关联是指用户通过发帖、回复和点赞等行为与平台中的信息、知识所产生的关联。内容与内容之间的关联性是指通过用户转发、引用等行为而形成的内容与内容间的关联。一方面，可关联性有助于用户之间关系的创建与维护，比如用户可基于相似的兴趣与未曾相识的人建立关系，这有利于员工社会资本的增加，而社会资本已经被许多学者证明是有利于知识共享的；另一方面，可关联性可以帮助用户定位掌握相关知识的其他用户（如专家），发现新的知识和联系人（Engelbrecht 等，2019）。

（3）企业社交媒体的可持续性。可持续性是指用户发布的内容可长期、持久地保存在企业社交媒体平台上，平台中的其他用户不需要参与最初的沟通就可以参与学习和讨论。用户可以利用企业社交媒体平台中提供的知识地图以及搜索引擎等技术工具，在任意时间查找自己所需的知识，随时进行学习和讨论，实现可持续的知识共享与重用。

（4）企业社交媒体的可编辑性。可编辑性是指用户可随时对自己尚未发布的以及已发布的内容进行修改、编辑和删除，设置和更改发布内容的可见范围。平台用户可通过编辑和修订的方式提高其分享的信息和知识的质量，并将恰当的知识分享给恰当的人。可编辑性还支持多位用户共同创建与编辑知识内容，通过不断地讨论与修改促进新观点、新知识的产生。

除以上的 4 个示能性外，企业社交媒体平台的通知或提醒功能能够吸引用户注意到其感兴趣的知识内容，或引发用户主动对其他用户提出的问题或寻求的知识作出回应，这些也都有助于知识的共享。

2.3.2　企业社交媒体平台中知识共享的障碍

虽然企业社交媒体平台被认为是支持知识共享的有效手段，但是企业社交媒体平台并不能保证用户之间的知识共享一定会发生。事实上，目前许多企业内部的社交媒体平台的知识共享水平远没有达到期望。对于知识共享水平没有达到期望的原因，不同学者有着不同的看法。国内学者孙元等通过文献综述归纳得出企业社交媒体的示能性可能会造成信息过载、社交过载、沟通过载、群体思考以及侵犯个人隐私，从而负向影响员工在企业社交媒体平台上分享知识的意愿和行为（Sun 等，2019）。其中，信息过载是指企业社交媒体平台上不断生成大量多样的主题，质量参差不齐的信息会超过员工的信息处理能力，这会使得员工在需要的时候找到高质量的知识变得越来越困难。社交过载是指建立和维系过多的社交关系会耗费员工大量的时间和精力，增加员工的负担，降低其知识共享的意愿。沟通过载是指在企业社交媒体平台上，他人过多的沟通请求会超出员工的沟通能力，打断和干扰员工的正常工作，甚至占用员工的非工作时间，这会使得员工对其他人产生负面情绪，降低其知识共享的意愿。此外，企业社交媒体的可见性使得员工发布的信息和知识是对所有人可见的，每一个用户都可以轻易地获取他人的知识，这一方面会使得员工担心自己的知识共享行为会使自己丧失知识优势地位，另一方面会使得员工担心其个人隐私信息被泄露，这些也都会增加员工知识共享的顾虑，降低其知识共享的意愿。

2.3.3　企业社交媒体与知识共享的研究述评

　　为了克服社交媒体平台中知识共享所面临的障碍，国内外的一些研究者试图利用管理学、经济学、社会学和心理学的相关理论，研究社交媒体中用户知识贡献和知识共享的影响因素，并在此基础上，提出知识贡献的激励机制和社区的管理机制，以解决平台中知识过少的问题，促进用户间的知识共享，保证平台的稳定发展。在对社交媒体中知识共享影响因素的实证研究中，最常使用的理论包括社会认知理论、社会交换理论、社会资本理论和激励理论等。在这些理论的指导下，研究者们提出自己的研究模型和研究假设，然后利用问卷调查或实验研究的方法验证所提出的模型（Chiu等，2006；Hsu等，2007；Kankanhall等，2005；Lin等，2009；Wasko和Faraj，2005）。这些研究大多认为自我效能、社区的认同、信任、互惠和利他主义等因素是影响用户知识共享的主要因素。除了管理制度上的保障和激励机制之外，先进的信息技术工具也可以帮助用户快速定位相关的知识和相关的专家，并提供通信机制，保证恰当的知识可以在恰当的时间传递给恰当的人，促进显性知识和隐性知识的共享。但目前为止，从技术视角来看，深入系统的研究能够支持社交媒体用户知识共享的各种知识管理工具的文献相对较少。本书针对现有的从技术视角研究企业社交媒体知识共享这一领域的不足，对企业社交媒体平台中知识地图的构建、热点主题推荐、社区发现、用户建模、专家发现和协作者推荐算法等能够支持知识共享的关键技术进行了深入系统的研究，以促进员工间显性和隐性知识的共享，充分发挥企业社交媒体平台在知识共享上的作用。

第3章　企业社交媒体平台中知识地图的构建

　　知识地图的实质是对于知识及知识之间关系的一种展示（Daven-port 和 Prusak，1998；Vail，1999），在企业中，知识地图是可以为员工的学习过程提供便利的重要组件之一（Lin 和 Lin，2001）。一方面，建立一个知识地图系统对以超文本或纯文本等以文档形式存在的知识对象进行有效的组织可以方便知识的浏览和搜索，帮助用户快速地找到他们所需的知识，支持显性知识的共享；另一方面，知识地图提供了对知识之间依赖关系的表示，方便用户对知识的理解和学习。

　　目前，知识地图的构建策略已经得到了广泛的关注（潘星等，2007；Lin 和 Hsueh，2006；Liu 等，2009），最主要的策略包括：建立主题目录，绘制概念地图或者主题地图和自动知识聚类等。企业社交媒体平台中知识地图的构建有其自身的特点：首先，用户的地位都是平等的，没有权威的领域专家的存在，因此，需要领域专家参与的概念地图方法不适用于社交媒体平台；其次，企业社交媒体平台中知识对象的数量是不断增加的，这会导致按字母顺序组织的主题目录的层次不断加深，用户找到所需知识会越来越困难。因而，自动知识聚类相比其他两种策略更适合企业社交媒体平台的环境。

通过上述分析，本章基于自动知识聚类策略，研究了企业社交媒体平台中知识地图的构建方法，本章内容安排如下：3.1 节对已有的知识地图构建方法进行综述；3.2 节对自动文档聚类技术，特别是自组织映射网进行综述；3.3 节介绍本章所提出的知识地图构建中的核心算法——层级成长单元结构算法；3.4 节阐述了知识地图的构建方法；3.5 节对所提出的方法进行实验分析；3.6 节对本章进行总结。

3.1　知识地图构建技术

知识地图是一种知识管理工具，主要用来展示知识及知识之间的关系。知识地图的概念最早出现于图书情报学中，最初目的是对文献的内容进行逻辑分析，为用户提供一种组织形式以便找到文献之间的关系。知识管理研究借鉴了这一思想，通过人工或者借助于机器手段编制知识导引，以方便知识管理过程中知识用户快速方便地找到合适的知识。

由于知识地图更多的是作为知识管理的一种工具，因此，现有研究中并没有对知识地图的定义有很多的探讨。一般学者都认为，知识地图的实质是对于知识及知识之间关系的一种展示（Davenport 和 Prusak，1998；Vail，1999）。知识地图中的知识可以包括各种各样的共享内容，比如文本、图片、视频、模型和数据等。知识之间的关系主要是由这些内容所反映的概念或者主体之间的关联决定的。在本章中，将知识地图定义为对企业社交媒体平台中存储的显性知识，如用户发布的文档和用户间的讨论记录等，以及这些知识之间的关系的展示，以表达平台内知识的结构，方便用户对知识的浏览和学习。

根据具体的展示的方式方法不同，知识地图的形式也是多种多样的。美国捷运公司最早的知识地图是一张充满知识资源的美国地理地图，这就是知识地图的雏形。之后，带有索引号或用其他方式表示层次关系的表格和文件，以及用来表示信息资源与各部门或人员之间关系的信息资源管理表和信息资源分布图，都是知识地图的早期形式，不过当时主要在纸上构图。随着信息技术的迅速发展，知识地图进入了电子时代，在 Internet 和 Intranet 上普遍使用的超文本链接和应用链接就是知识地图的简单形式。而目前，企业知识地图的实现技术主要是基于 Intranet 的软件解决方案，其中包括强大的可视化技术和数据库系统。比如，Lotus Notes 和 IBM 的 Knowledge X 都能提供这样的架构。虽然这些实现技术对于构建一个优秀的知识地图产品非常有用，但是真正有效的知识地图更重要的意义在于它的知识映射机制，即如何把组织中的知识映射到知识地图上，并清晰地展示出它们之间的关系，这才是在构建知识地图的过程中最具有挑战性的工作。目前，知识地图的构建策略主要有建立主题目录、绘制概念地图或者主题地图和自动知识分类等（Ong 等，2005）。

1）建立主题目录（Directory）

主题目录一般是按照字母顺序把主题按照范围的大小组织成层次结构，比如 YAHOO! 的 Directories 和网景公司主持的开放目录项目（Open Directory Project）。这种类型的知识地图能够简单有效地把信息组织在一起，这是它的主要优点。但很明显，这种方式的界面很不友好。随着信息量的不断增大，主题目录的层次会不断加深，每层涉及的信息也会不断增多，导致用户很难定位到他想要的信息（Drabenstott 和 Weller，1996；Massicotte，1988）。因此，主题目录一般要配合搜索引擎，才能方便用户使用。

2）人工绘制概念地图

概念地图是以图的形式来展现知识以及知识之间的关系（Novak 和 Gowin，1984）。一般方块表示概念或者事物，连线表示它们之间的关系。这种知识地图更利于用户去组织、理解和记忆知识。但它的创建主要是由人来绘制，因此，知识地图的质量很大程度上依赖于个人对于知识的认知能力。即使由领域专家来绘制知识地图，也是一件费时费力的工作。

3）自动知识分类

最近很多学者尝试采用机器学习算法对网上的文档进行聚类，从而构建网络内容的知识地图。文本聚类中的两个主要问题是文档的表示和聚类算法。向量空间模型（Vector Space Model，VSM）（Salton 和 Buckley，1975）通常用来表示文档，每个文档被表示成多维向量，每个维度都对应着从文档中抽取出来的词，用词出现的频率作为每个维度的权重。聚类算法在传统上可以分为分割式、凝聚式和混合式三种（Kaufman 和 Rousseeuw，1990）。K-means算法是典型的分割式算法，而凝聚层次聚类算法则是典型的凝聚式算法。两阶段聚类算法是一种将分割式和凝聚式相结合的混合式聚类算法，这种算法首先应用凝聚层次聚类算法确定适合的聚类数，然后再应用K-means算法进行聚类。近年来，神经网络聚类算法，如自组织映射网（Self-organizing Map，SOM）算法及其改进算法在 Web 文档聚类中得到了越来越广泛的应用（Chen等，1996；Kohonen等，2000；Rauber等，2002）。SOM是一种无监督的神经网络算法，由于它能够把文档聚类表现成二维平面形式，与地图的寓意更加贴切，因此，很多学者采用这种方法来进行知识地图中的自动知识分类。

基于自动知识分类的知识地图构建方法在一定程度上是有效的，尤其是互联网环境下的海量内容的分类更离不开自动分类/聚类技术。但是目前这些研究都是针对一个固定不变的文档集合，不适用于文档数量不断变化的社交媒体环境。

对动态环境下知识地图构建的研究比较少，比较有代表性的是 Lin和 Hsueh（2006）的研究。他们采用两阶段聚类算法提出了一个虚拟社区中知识地图构建和动态维护的算法。该算法首先构建一个初始的层级式的知识地图，然后当新文档进入的时候，根据组内相似性和组间相似性的度量指标，判断是否需要分割或合并现有的类，或者重新聚类，从而实现对知识地图的动态维护。但这种算法的不足之处在于在对文档聚类之后，需要人工来确定每一个类别所属的主题。综上所述，研究适合于社交媒体环境下的知识地图构建算法，自动生成层级式的知识地图并确定每一级所表示的概念主题是需要深入研究的一个问题。

3.2 自组织映射网

文档聚类的目标是将相似度大的文档归为一类或者与其相邻的类别，把相似度小的文档归为不同的类别。常用的文档聚类技术包括 K-means 算法、凝聚层次聚类算法和神经网络算法等。K-means 算法的聚类效率高，但它不是层级聚类算法，无法反映出类与类之间的层级关系。凝聚层次聚类算法虽然可以表现聚类间的层级关系，但它只能将聚类结果表示为二叉树的形式，无法充分反映出类与类之间复杂的层级关系。自组织映射网（Kohonen，1982）是一种无监督的神经网络算法，它可以较好地实现从高维文本数据到二维平面空间的保序映射。这里所说的保序映射是指彼此相似度较大的不同文档往往被映射到 SOM 输出层的同一神经元或者彼此邻近的神经元，因此，SOM 聚类结果的导航能力较好，结果更有意义，在 Web 文档聚类中也得到了越来越广泛的应用。

SOM 的网络拓扑结构由两层构成：输入层和输出层。输入层由 N 个神经元组成，每一个神经元代表了输入模式的一个特征，在文本聚类中，输入层神经元的数目同表示文本的特征向量的维数相同；输出层由 M 个神经元组成，每一个神经元具有一个与输入层神经元数相同维数的权向量，该权向量描述了对应于输入模式的一个类别。输入层和输出层是全连接的，即每个输入神经元均与所有的输出神经元相连接，连接的权值为 w_{ij}（i=1，2，…，N；j=1，2，…，M）。

SOM 首先把所有输出神经元的权重向量初始化为随机小数，然后计算每一个输入向量同所有输出神经元的相似度，相似度最大的那一个神经元作为获胜神经元，把输入向量映射到获胜神经元，并调整该获胜神经元权重向量的权值，同时按比例调整获胜神经元邻域内的相邻神经元的权值。把所有的输入向量提交给网络进行训练，相类似的输入向量被映射到输出层中临近的区域，最后得到输入向量的聚类，同时也把高维的输入向量非线性地投射到二维平面上。

SOM 算法能够把文档聚类表现成二维平面形式，与地图的寓意更加贴切，但它存在两个缺陷：一是 SOM 算法需要预先确定网络结构；二是 SOM 算法无法反映类与类间的层级关系。针对这两个缺陷，许多学者都对 SOM 算法进行了改进，其中最有代表性的改进算法是增长层级自组织映射（Growing Hierarchical Self-organizing Map，GHSOM）（Rauber 等，2002）和成长单元结构算法（Growing Cell Structures，GCS）（Fritzke，1994）。GHSOM 算法通过在输出层插入行或列的方式对网络进行扩充，实现网络的横向和纵向生长，它被许多学者用于文档聚类和知识地图的构建（Lin 和 Yu，2009；Shih，2008）。但由于 GHSOM 算法的网络规模扩展过快，很容易发生神经元欠利用的现象，因此，会影响聚类的效果。GCS 算法是一类网络结构可变的自组织映射神经网络，它学习输入数据的分布，并通过增加或删除神经元来自动确定适合的网络结构，从而克服了 SOM 算法需要预先确定网络结构的缺陷。此外，由于 GCS 算法在每次增加神经元时仅增加一个，并且会自动删除欠利用的神经元，因而不会出现 GHSOM 算法因网络增长过快而产生的神经元欠利用问题。但是 GCS 算法无法反映数据间的层级关系，因而本章借鉴 GHSOM 算法对 GCS 算法进行了改进，提出了一种层级成长单元结构算法（Hierarchical Growing Cell Structures，HGCS）。

3.3 层级成长单元结构算法

本节介绍知识地图构建中的核心算法——层级成长单元结构算法（HGCS），该算法借鉴 GHSOM 算法对 GCS 算法进行了改进。利用 HGCS 算法训练得到的网络的图形表示如图 3-1 所示。从图 3-1 中可以看出，HGCS 算法训练得到的网络是一个多层的层级结构的网络，每一层网络又是由多个独立增长的 GCS 网络组成的。在训练过程中，网络根据输入数据的特征，自行调整每一个 GCS 的大小和整个网络的深度。层级 0 是一个虚拟层级，包含所有的输入数据，下层网络的输入数据集是映射到其对应的上一层网络的父单元的输入数据，层级从上到下，对输入数据的结构的表示粒度也越来越细。

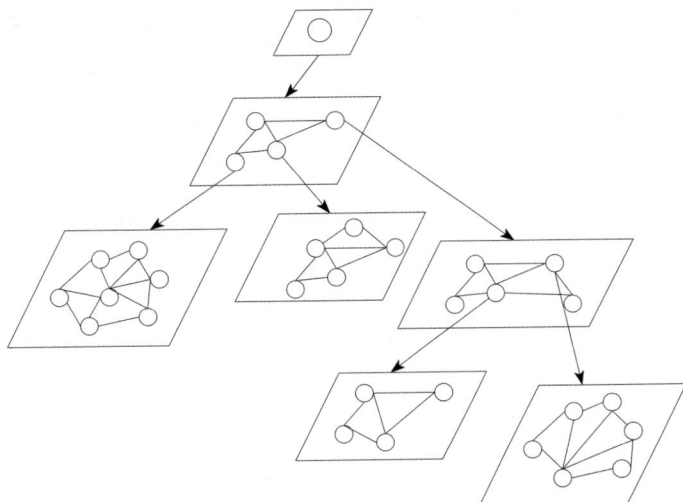

图3-1　HGCS网络的图形表示

HGCS算法的具体描述如下：

（1）初始化网络参数，包括获胜神经元（Best Matching Unit）及其直接邻居神经元的学习率 ε_b 和 ε_n，插入神经元的迭代次数 $epoches_i$，删除神经元的迭代次数 epochesd，控制神经元删除的参数 λ，每一层网络中最大的神经元数 mbreadth，横向生长的停止标准 τ_1 和纵向生长的停止标准 τ_2。

（2）设置一个包含所有输入向量的虚拟层级，设为层级0，利用公式（3.1）计算层级0所代表的网络的量化误差（Quantization Error）。

$$qe_0 = \sum_{x_i \in I} \left\| m_0 - x_i \right\|$$

（3.1）

其中，I表示输入数据集，m_0 表示输入数据集 I 中所有输入向量 x 的均值。qe_0 用来控制整个网络的生长，只有当网络中每一个神经元 i 的量化误差 qe_i 均满足由公式（3.2）所表示的条件时，整个网络才会停止生长。

$$qe_i < \tau_2 \times qe_0$$

（3.2）

（3）将第一层网络初始化为一个二维的由三个神经元连接而成的三角形，并将神经元的初始权重设置为随机小数，所有神经元的获胜次数置为0，然后采用GCS算法训练网络，具体步骤如下。

步骤1，从输入数据集 I 中随机抽取一个输入向量 x 提供给网络。

步骤2，计算输入向量 x 与当前训练的网络中每一个神经元 j 的权重向量 w_j 之间的欧几里得距离：

$$d_j = \|x - w_j\|, \ j = 1, 2, \cdots, m \tag{3.3}$$

若 $d_{j^*} = \min_{j=1, 2, \cdots, m}\{d_j\}$，则 j^* 为获胜神经元，将获胜神经元的获胜次数加1。

步骤3，调整获胜神经元及其直接邻居神经元的权重：

$$w_{bmu} = w_{bmu} + \varepsilon_b \times (x - w_{bmu}) \tag{3.4}$$

$$w_n = w_n + \varepsilon_n \times (x - w_n), \ \forall n \in N_{bmu} \tag{3.5}$$

其中，bmu 表示获胜神经元，N_{bmu} 表示获胜神经元的所有直接邻居，ε_b 和 ε_n 分别表示获胜神经元及其直接邻居神经元的学习率。

步骤4，插入神经元。

步骤1~3表示一次完整的迭代过程，若当前迭代次数大于阈值 $epoches_i$，则在当前获胜次数最大的神经元 h 及其最远直接邻居 f（神经元权重的欧几里得距离最大）之间插入一个新的神经元，新神经元的权重为：

$$w_{new} = \frac{w_h + w_f}{2} \tag{3.6}$$

将新神经元与神经元 h，神经元 f 以及神经元 h 和神经元 f 共同的直接邻居相连，并去掉神经元 h 和神经元 f 之间原有的连接，从而保持网络的三角形结构不变。插入神经元时，会由于神经元 h 和神经元 f 所处的位置不同，而出现两种不同的情况，分别如图3-2和图3-3所示。

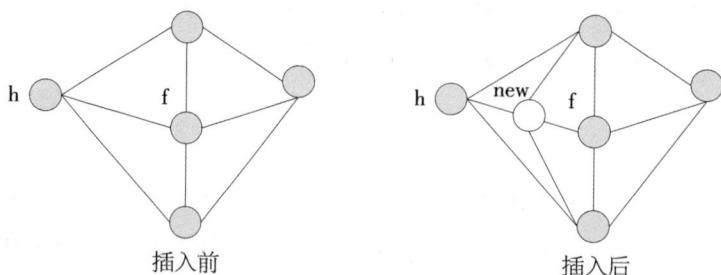

插入前　　　　　　插入后

图3-2 神经元 h 或神经元 f 位于网络的内部时，插入神经元的示意图

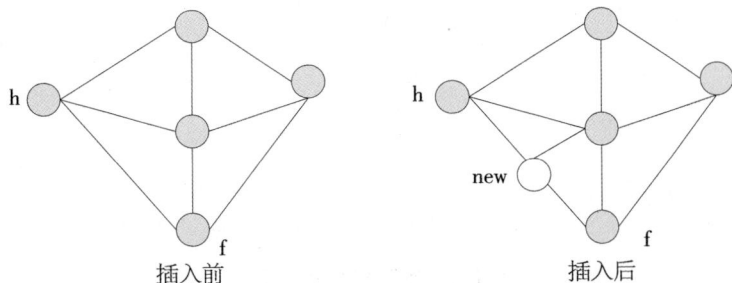

图3-3 神经元h和神经元f均位于网络的边缘时，插入神经元的示意图

更新新神经元及其直接邻居神经元的获胜次数：

$$v_{new} = \sum_{n \in N_{new}} \frac{v_n}{\left| N_{new} \right|} \tag{3.7}$$

$$v_n = v_n - \frac{v_n}{\left| N_{new} \right|}, \quad \forall n \in N_{new} \tag{3.8}$$

其中，v_{new} 和 v_n 分别表示新神经元及其直接邻居神经元 n 的获胜次数，N_{new} 表示新神经元的所有直接邻居神经元。

步骤 5，删除神经元。

若当前迭代次数大于阈值 $epoches_d$，则满足公式（3.9）所示条件的神经元以及删除该神经元后无法满足三角形结构的神经元被删除。

$$v_i < \lambda \times \frac{\sum_{k \in N_c} v_k}{\left| N_c \right|} \times \frac{1}{Num_{del} + 1} \tag{3.9}$$

其中，v_i 表示神经元 i 当前的获胜次数，λ 表示控制神经元删除的参数，$\lambda \in [0, 1]$，N_c 表示当前网络中所有的神经元，Num_{del} 表示在前一次删除过程中删除的神经元的个数。Num_{del} 的引入使得可以根据前一次神经元删除的结果动态地调整神经元删除的阈值。若前一次删除的神经元数较多，则只有当神经元当前的获胜次数小于一个很低的阈值时，相应的神经元才会被删除；若前一次删除的神经元数较少，则当神经元当前的获胜次数小于一个较大的阈值时，相应的神经元就会被删除。与传统的 GCS 算法相比，引入 Num_{del}，根据前一次神经元删除的结果动态地调整神经元删除的阈值，可以避免神经元被过度删除而使得训练得到的网络不稳定。

删除神经元的示意图如图3-4所示。

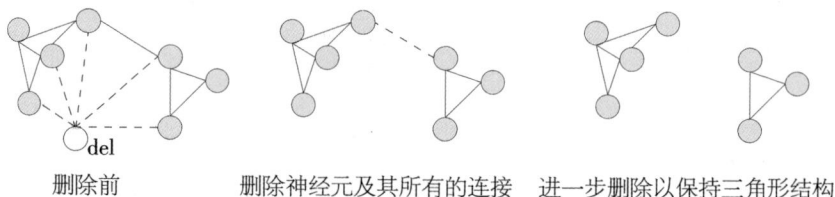

删除前　　　　　删除神经元及其所有的连接　　进一步删除以保持三角形结构

图 3-4　删除神经元的示意图

步骤6，判断当前网络是否满足横向生长的终止条件，若满足，则停止对当前网络的训练。横向生长终止条件为以下二者之一：（a）当前网络中神经元的个数大于每一层网络中最大的神经元数 mbreadth；（b）当前网络中所有神经元量化误差的平均值满足以下条件。

$$MQE_m < \tau_1 \times qe_u \tag{3.10}$$

其中，$MQE_m = \dfrac{1}{n_m} \times \sum\limits_{k=1}^{n_m} qe_k$，表示当前网络 m 中所有神经元的量化误差的平均值，qe_u 表示网络 m 在上一层网络中所对应的父神经元 u 的量化误差。对第一层网络而言，层级 0 中网络的量化误差值 qe_0 即为其对应的父神经元的量化误差。τ_1 为控制网络横向生长的参数。

（4）判断当前层级中所有神经元的量化误差是否满足公式（3.2）所示的纵向生长条件。若所有神经元均满足上述条件，则整个网络停止生长；若有一个或多个神经元的量化误差不满足公式（3.2），则不满足条件的神经元要向下生长，生成下一层子网络。下一层子网络的训练过程遵循（3），但是训练子网络的输入数据集不是取全体输入向量的集合，而是取映射到子网络在上一层网络的父神经元中的输入向量的集合。此外，子网络中3个初始神经元的初始权重值不是取随机小数，而是取该子网络在上一层网络的父神经元的所有直接邻居中，与父神经元距离最近的3个邻居神经元的权重。若父神经元的直接邻居数小于3，则子网络中2个初始神经元的初始权重取其父神经元的2个直接邻居的权重，另一个初始神经元的初始权重设为所有映射到其父神经元的输入向量中任一输入向量的值。以这样的方式设置子网络的初始权重可以保留上层网络的拓扑结构，同时可以加快网络的训练速度。

3.4　知识地图构建方法

在HGCS算法的基础上，本章提出了企业社交媒体平台中知识地图的构建方法。该方法的具体流程如图3-5所示。

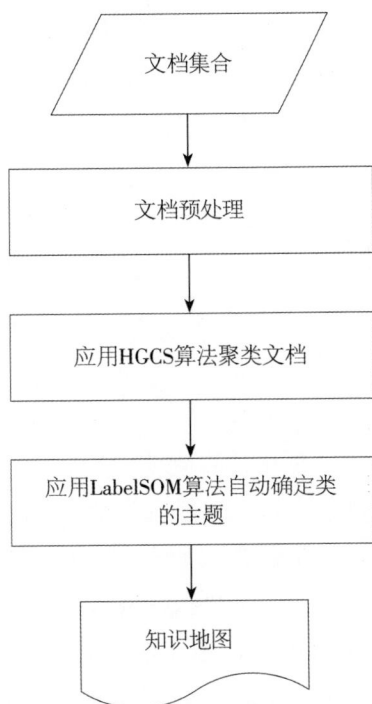

图3-5　知识地图构建的流程

3.4.1　文档预处理

构建知识地图的第一步是对文档进行预处理，从企业社交媒体用户产生的非结构化的文档中提取出表示文本信息的特征。设平台中当前存在的所有文档组成的集合为 C= $\{d_1,\cdots,d_i,\cdots,d_N\}$，本章采用信息提取中最常使用的向量空间模型来对文档进行表示。在经过分词（适用于中文），去除停用词和词干提取（适用于英文）的处理后，从文档中提取出表征文档的特征词，得到一个特征词表 V= $\{t_1,\cdots,t_j,\cdots,t_n\}$。C中的每一篇文档 d_i 可以表示为向量空间中的一个向量，向量的每一维由V中的特征词 t_j 及其

在 d_i 中的权重 wt_{ij} 表示，即：$d_i = (t_1, wt_{i1}; \cdots; t_j, wt_{ij}; \cdots; t_n, wt_{in})$，特征词 t_j 在文档 d_i 中的权重 wt_{ij} 由公式（3.11）计算产生：

$$wt_{ij} = \frac{tf_{ij}}{\max_{1 \leqslant k \leqslant n} tf_{ik}} \tag{3.11}$$

其中，tf_{ij} 表示特征词 t_j 在文档 d_i 中出现的次数。本章采用极大值标准化后的特征词词频而不是最常用的 TF-IDF 公式来表示权重，这是因为用户会不断生成新的文档，每当有新的文档生成时，IDF（Inverse Document Frequency）值以及相应的特征词权重就要重新计算，增加了算法的计算成本。

3.4.2 文档聚类

构建知识地图的第二步就是采用 3.3 节中所提出的 HGCS 算法对已表示为向量的文档进行聚类。文档集合 C 中所有文档的向量表示构成的集合即为输入数据集 I，其中的每一个向量即为一个输入向量 x，网络中神经元的权重向量 w 的维数与文档向量的维数相同。

遵循 HGCS 算法的步骤，首先对网络进行初始化。初始化时参数的选择决定了网络规模的大小和训练时间的长短。通常取 $\varepsilon_b \in [0.05, 0.1]$，$\varepsilon_n \in [0.002, 0.01]$。其余的参数可根据输入数据集的特征或通过反复试验（Trial-and-error Procedure）确定。初始化后，利用输入数据集 I 依次训练第一层网络和各层子网络，当网络中的所有神经元均满足公式（3.2）所示的纵向生长条件时，网络训练停止。

训练得到的网络中的每一个神经元表示一个类，神经元的权重向量表示该类的质心，下层子网络中的所有神经元与该子网络在上层网络中对应的父神经元是子类与父类的关系。所有的输入向量都被映射到各层网络上与其距离最小的神经元（获胜神经元）中，因而也就将输入向量所对应的文档归入了获胜神经元所代表的类中。

3.4.3 自动确定类的主题

知识地图的构建还需要能反映出每一类别所代表的主题的信息。本章采用标签自组织映射（LabelSOM）算法（Rauber，1999）自动选取出一些标签（特征词）来表示每一类的主题。对每一神经元 i，Label-SOM 的具体算法如下。

输入：神经元 i 的权重向量 w_i，所有映射到神经元 i 的输入向量的集合 C_i，特征词集合 V，一个足够小的正数 ε，权重阈值 α。

输出：表示神经元 i 的主题信息的标签集合 L_i。

begin

$L_i = \Phi$

for each $t_k \in V$ do

compute $q_{ik} = \sqrt{\sum_{x_j \in C_i}(w_{ik} - x_{jk})^2}$ //计算神经元 i 中每一个特征词 t_k 的量化误差 q_{ik}

if $q_{ik} < \varepsilon$ and $w_{ik} > \alpha$ then //判断特征词 t_k 的量化误差 q_{ik} 是否接近于 0 且 t_k 的权重值是否大于阈值 α

      add t_k to L_i //将特征词 t_k 放入标签集合 L_i 中

    end if

end for

end

从以上的算法可以看出，LabelSOM 算法选择量化误差值接近于 0 且权重值大于阈值 α 的特征词作为表示神经元主题的标签。量化误差值接近于 0 说明映射到该神经元的所有输入向量在这些特征词上的取值相近，因而这些特征词可以很好地反映该神经元所代表的主题。但是，权重值为 0 的特征词其量化误差值也必然为 0，而这些特征词与该神经元所代表的主题无关，因此，需要设置一个权重值的阈值 α，以避免将权重值为 0 或权重值很小的特征词放入标签集合中。

在确定了知识地图的层次结构以及每一部分的主题后，就可以根据所构建的知识地图对用户产生的新文档进行分类，确定其在知识地图中所处的位置，以方便其他用户浏览和搜索文档。随着企业社交媒体平台中文档数量和涉及领域的不断增加，原有的知识地图可能将逐渐无法满足用户浏览和搜索的需要，在这种情况下，就需要对知识地图进行更新。为了降低用户的认知成本和系统的计算成本，本章考虑采用批量式的更新方法，即当新增的文档数超过预先设定的阈值时，遵循本章提出的方法重新生成一个新的知识地图。

3.5 实验

3.5.1 实验数据和实验步骤

本章采用 20 Newsgroups 数据集（http：//people.csail.mit.edu/jrennie/20Newsgroups/）来验证所提出的 HGCS 聚类算法和知识地图构建方法。20 Newsgroups 数据集是用于测试分类和聚类等机器学习技术在文本上的应用的公用数据集，它共收集了来自 Usernet 上 20 个不同新闻组的 20 000 篇文章。这些文章分属政治、宗教、计算机、科学、运动和物品出售 6 个主题大类，20 个主题小类。本章从 20 000 篇文章中随机抽取了 1 000 篇用于构造知识地图。具体实验步骤如下：

（1）根据 3.4.1 中介绍的步骤对随机抽取的 1 000 篇文章进行预处理。首先，利用构建的停用词表去除停用词，并使用 Porter Stemming 算法对词做词干提取。然后，从每篇文章中提取出权重值最高的前 30% 的特征词，共 4 250 个特征词构成特征词表。这样，每篇文章就被表示为一个 4 250 维的向量，向量的每一维对应了特征词的权重值。

（2）采用 HGCS 算法对 1 000 篇文章进行聚类，算法的参数设置如下：ε_h=0.075，ε_n=0.003，epoches$_i$=25，epoches$_d$=100，mbreadth=20，τ_1=0.1，τ_2=0.04，λ=0.1。为了验证本书提出的 HGCS 算法的聚类性能，采用同样的数据检验了另外两种算法——凝聚层次聚类和 GHSOM 算法。在凝聚层次聚类算法中，使用 Ward 法计算类与类之间的距离，分割点对应的聚类数与 HGCS 算法所得到的网络中第一层网络的聚类数相同。GHSOM 算法的参数设置取 τ_1=0.1，τ_2=0.04，mbreadth=20。

（3）根据 LabelSOM 算法，设置 ε=0.05，权重阈值 α=0.1，从每个神

经元中最多提取出5个特征词来表示神经元的主题。

3.5.2 评价指标

本章采用了 Larsen 和 Aone（1999）提出的用于评价层级聚类算法性能的方法。对任意主题 T 和整个层级中的任意聚类 X，N_1 表示聚类 X 中属于主题 T 的文档的数量，N_2 表示聚类 X 中文档的总数量，N_3 表示所有文档中属于主题 T 的文档的数量，则：

$$precision(X,T)=\frac{N_1}{N_2} \tag{3.12}$$

$$recall(X,T)=\frac{N_1}{N_3} \tag{3.13}$$

$$F\text{-measure}=\frac{2 \times precision \times recall}{precision + recall} \tag{3.14}$$

对每一主题 T，选择 F-measure 值最大的聚类 X 来代表这个主题，相应的 F-measure 值即为主题 T 的 F-measure 值，则所得到的聚类层级的总 F-measure 值是每一个主题 T 的 F-measure 值的加权平均，即：

$$overall\ F\text{-measure} = \frac{\sum_{T \in M} |T| \times F(T)}{\sum_{T \in M} |T|} \tag{3.15}$$

其中，M 表示所有主题构成的集合，|T| 表示属于主题 T 的文档数，F（T）表示主题 T 的 F-measure 值。聚类层级的总 F-measure 值越大，则相应的层级聚类算法的性能越好。

此外，本章还采用了在评价聚类质量时常用的两个指标——组内距离和组间距离。组内距离度量类内的紧密程度，组内距离越小说明聚类效果越好，其计算公式如下：

$$D_{intra}(c_i) = \frac{\sum_{p \in c_i} \sum_{p' \in c_i, p' \neq p} \|p - p'\|}{n_i \times (n_i - 1)} \tag{3.16}$$

其中，p 和 p′ 表示聚类 c_i 中两个不同的向量，n_i 表示聚类 c_i 中向量的个数。

组间距离度量不同类之间的分离程度，组间距离越大说明聚类效果越好，其计算公式如下：

$$D_{inter}(c_i,c_j) = \frac{\sum\limits_{p \in c_i} \sum\limits_{p' \in c_j} \|p - p'\|}{n_i \times n_j} \qquad (3.17)$$

其中，p 和 p' 分别表示聚类 c_i 和 c_j 中的向量，n_i 和 n_j 分别表示聚类 c_i 和 c_j 中向量的个数。本章取所有类的组内距离和组间距离的平均值来比较各种算法的性能。

3.5.3 实验结果

凝聚层次聚类算法、GHSOM 算法和本章提出的 HGCS 算法的聚类性能见表 3-1 和表 3-2。从表 3-1 和表 3-2 中可以看出，凝聚层次聚类算法的组内距离和组间距离值是最优的，但总 F-measure 值最差。GHSOM 算法具有中等的组内距离、组间距离和总 F-measure 值。HGCS 算法在组内距离和组间距离两个指标上的表现要劣于其他两种算法，但差距并不大，与其他两种算法的差距不超过 3%。而 HGCS 算法在总 F-measure 值上则要显著优于其他两种算法，与 GHSOM 算法和凝聚层次聚类算法相比，分别提高了 24.65% 和 37.15%。从算法的时间复杂度来看，三种算法相差不大，HGCS 算法和 GHSOM 算法的时间复杂度均为 O（kn^2），而凝聚层次聚类算法的时间复杂度为 O（$n^2\log n$），其中，n 表示输入向量的个数，k 表示输入向量的维数。因此，综合比较这三种算法，HGCS 算法是聚类效果最好的层级聚类算法，可作为文档自动聚类技术来构造知识地图。

表3-1　　　　　　　　　三种算法聚类性能的比较

性能度量	HGCS算法	凝聚层次聚类算法	GHSOM算法
overall F-measure	0.5659	0.4126	0.4540
D_{intra}	3.3724	3.2981	3.3131
D_{inter}	3.4155	3.5105	3.4229

表3-2　　　　　　　　HGCS算法与其他两种算法的比较

性能比较	凝聚层次聚类算法（%）	GHSOM算法（%）
overall F-measure	37.15	24.65
D_{intra}	2.25	1.79
D_{inter}	−2.69	−0.22

基于 LabelSOM 算法，可从知识地图的每一单元中至多提取出 5 个特征词来表示该单元的主题。由于篇幅所限，本章仅以部分神经元来说明自动选择主题算法的有效性。

位于第一层网络的第二个神经元中的文章主要属于宗教主题类。根据 LabelSOM 算法提取出的 5 个特征词是：God，Christian，Bible，Roman 和 Mithras，可以看出这 5 个特征词都是与宗教相关的，可以代表这个神经元的主题。在与该神经元对应的子网络中，神经元（2，2）[①]中的文章与基督教相关，表示主题的 5 个特征词是：Jesu，Faith，Christian，God 和 Group。神经元（2，6）的主题特征词是：Atheist，Atheism，Faith，God 和 Jesu，而位于该神经元中的文章是属于无神论主题的。

位于第一层网络的第 5 个神经元中的文章主要是属于计算机类的，自动提取出的 5 个主题词是：Windows，PC，Screen，Bit 和 Program。神经元（5，2）的文章主要与计算机硬件相关，自动提取出的主题特征词是：Video，Board，Monitor，MEG 和 Port。神经元（5，3）的文章主要属于计算机图像类，自动提取出的主题特征词是：Compute，Image，Motif 和 PC。

从以上的分析可以看出，利用 LabelSOM 算法提取出的特征词能够很好地反映神经元所代表的主题信息，这也从另一个侧面反映出了本章提出的知识地图构建方法的有效性。平台用户可以根据主题信息逐层地选择自己感兴趣的主题，提高用户浏览和搜索的效率。

3.6 本章小结

本章首先改进了成长单元结构算法，在此基础上，提出了一种企业社交媒体平台中知识地图构建方法。该方法首先采用层级成长单元结构算法对用户发布的文档形式的知识对象进行聚类，确定出知识对象所属的类别以及类别间的层次关系，然后基于 LabelSOM 算法自动确定出每

---

① （x，y）表示与第一层网络中第 x 个神经元对应的子网络中的第 y 个神经元。

一类所代表的主题，构造出层级知识地图。实验结果表明，该方法能够构造出合理、有效的知识地图，提高用户浏览和搜索知识对象的效率，促进用户间的知识共享。

第4章　企业社交媒体平台中热点主题的识别与分析

　　企业社交媒体平台中的热点主题是那些得到用户广泛关注的主题，这些主题之所以能吸引大多数用户的关注，是因为它们往往承载着用户的集体智慧，并通常都是和一些重要事件和流行趋势相关的。由于热点主题代表着集体兴趣，因而将热点主题推荐给用户，也能够在一定程度上满足他们的知识需求，同时解决信息过载的问题。而对企业的管理者而言，由于热点主题往往是和一些重要事件和员工焦点相关的，所以发现热点主题有助于了解员工的动向，特别是当有突发事件发生时，有助于监控事件的发展态势和用户对事件的反应。

　　在通常情况下，社交媒体平台的用户会通过搜索或参与讨论的形式来表达他们对某一主题的关注，因此，目前许多社交媒体平台会根据用户的搜索次数、浏览次数或发表帖子数等指标来选择那些指标值高的主题作为热点主题，并向用户提供热点主题列表，但这种计算方法未免过于简单。一些研究者使用文本挖掘，特别是文本聚类的方法来发现热点主题（唐果和陈宏刚，2010；Li和Wu，2010）。但是当处理的数据量很大的时候，文本挖掘方法的计算效率通常很低。本章将采用数据流状态建模的方法，研究主题活跃度的建模方法，从而找出社交媒体平台中的热点主题。此外，本章还采用时间序列聚类算法对不同的主题活跃度的变化模式进行了分析。

本章的内容安排如下：4.1 节对相关的理论基础进行了综述。4.2 节详细介绍了主题活跃度建模的主要过程。4.3 节介绍了对主题活跃度的变化模式进行分析的方法。4.4 节对所提出的方法进行了验证。4.5 节对本章内容进行总结。

4.1 理论基础

4.1.1 数据流的状态建模

在社交媒体中，对某一主题的讨论帖可以看作是源源不断的、持续的数据流。目前，对于数据流的状态或趋势建模已经得到了许多研究者的关注，并被应用到许多不同的领域，比如，在电子商务网站中，网站的经营者可以利用交易数据流来分析商品的销售趋势从而调整自己的经营策略。Swan 和 Allan（1999，2000）利用 χ^2 检验判断关于某一新闻事件的信息出现的频率在一段时间内是否超过了预先设定的阈值，若超过则判定此事件属于该时间段内的重要事件。这种基于阈值的方法对时段控制非常敏感，并会由于噪声数据的存在而影响识别的质量。还有一些学者使用隐马尔可夫模型对数据流的状态建模，这种方法将在给定时间段内关于某一主题的信息出现的频次看作是由不同状态确定的，而状态间的转换是由转移概率决定的（Kleinberg，2003；Yi，2005）。这种基于状态的方法被应用到了新闻报道（Chen 等，2009）、博客空间（Kumar 等，2003）和多语言数据流环境下（Wang 等，2007）的热点主题识别中，此外，它还被应用到电子商务网站中商品查询次数的爆发性检测中（Parikh 和 Sundaresan，2008）。但目前提出的数据流状态建模的方法大多只设定了 0 和 1 两种状态，0 代表非活跃状态，1 代表活跃状态，并且都假定初始状态始终为0。但是状态的活跃性还可以根据强度进一步地细分，并且某些数据流的状态从一开始就表现出急剧上升的趋势，在这种情况下，初始状态始终为0的假设也并不成立。

本章采用数据流的状态建模方法，基于隐马尔可夫模型对主题的活跃度建模，并放宽了0-1两种状态和初始状态始终为0的两个假设，以更详细和准确地描述主题的活跃度的变化。有关隐马尔可夫模型的介绍如下。

4.1.2　隐马尔可夫模型

隐马尔可夫模型（Hidden Markov Model，HMM）是一种统计分析模型（Rabiner，1989），它创立于20世纪70年代，目前已在语音识别、生物信息学、故障诊断和信息提取等领域得到了广泛的应用。隐马尔可夫模型是马尔可夫链的一种，它的状态不能直接观察到，而只能通过观察值序列的随机过程表现出来。在隐马尔可夫模型中，观察值和状态并不是一一对应的，而是通过一组概率分布相联系。所以，隐马尔可夫模型是一个双重随机过程，由两个部分组成。

（1）马尔可夫链：描述状态的转移，用状态转移概率描述。

（2）一般随机过程：描述状态与观察值序列间的关系，用观察值的概率分布描述。

隐马尔可夫模型通常可用五元组 $\lambda = （N，M，A，B，\pi）$ 来描述，或可简写为 $\lambda = （A，B，\pi）$（Rabiner，1989）。

（1）N为状态的数量，$S = （s_1，s_2，\cdots，s_N）$ 为状态的集合。

（2）M为每个状态可能的观察值的数量，$V = （v_1，v_2，\cdots，v_M）$ 为对应的观察值集合。

（3）定义 $Q = （q_1，q_2，\cdots，q_T）$ 为长度固定为T的状态序列，则 $O = （o_1，o_2，\cdots，o_T）$ 为对应的观察值序列。

（4）$A = \{a_{ij}\}$ 为状态转移概率矩阵，$a_{ij} = p（q_{t+1} = s_j \mid q_t = s_i）$ 表示在时刻t从状态i转移到状态j的概率，$1 \leq i，j \leq N$，且 $a_{ij} \geq 0$，$\sum_{j=1}^{N} a_{ij} = 1$。

（5）B={b_i（k）}为观察值的概率分布矩阵，b_i（k）=p（o_t=v_k｜q_t=s_i）表示在给定当前时刻状态为i的情况下，观察值v_k出现的概率。

（6）π={π_i}为初始状态概率分布向量，π_i=p（q_1=s_i）表示初始状态为i的概率，且π_i≥0，$\sum_{i=1}^{N}\pi_i = 1$。

与隐马尔可夫模型密切相关的问题有以下三个。

第一类问题（评估）：给定观察值序列O和模型λ=（A，B，π），求p（O｜λ），即在给定模型下，该观察值序列出现的概率有多大。求解第一类问题的有代表性算法是前向算法和后向算法（Baum和Egon，1967）。

第二类问题（解码）：给定观察值序列O和模型λ=（A，B，π），如何选择一个对应的状态序列Q，使Q能够最为合理地解释观察值序列O。求解第二类问题最常用的算法是Viterbi算法（Forney，1973）。

第三类问题（训练）：给定观察值序列O，如何调整模型参数λ=（A，B，π），使该模型能够最好地描述观察值序列，即使p（O｜λ）最大。求解第三类问题的典型算法是基于EM算法的Baum-Welch算法（Dempster等，1977）。

4.2 基于隐马尔可夫模型的主题活跃度建模

若在一定时间段内，有关某一主题的数据流出现快速增长的趋势，则本章认为该主题处于活跃状态（Activeness）。采用基于隐马尔可夫模型的数据流状态建模方法，主题的活跃度建模就是构建相应的隐马尔可夫模型并求解隐马尔可夫模型的第二类问题的过程。

4.2.1 模型定义

（1）S=（s_0，s_1，$\cdots$，s_{N-1}）是状态集合，状态数为N，s_0表示主题的非活跃状态，s_1到s_{N-1}表示主题的活跃性状态，且活跃度依次增强。

（2）观察值集合V是自然数所组成的集合，集合的每一个元素表示每一天内有关该主题的讨论帖的可能的数量。

（3）观察值的概率分布矩阵 B 由实际的观察值序列确定。设 $O=(o_1, o_2, \cdots, o_t, \cdots, o_T)$ 表示观察值序列，o_t 表示第 t 天内关于该主题的讨论帖的数量，T 表示该主题的生命周期长度，即从出现有关该主题的讨论帖的第一天起到最后一天止所历经的天数。从观察值序列中可以得到一天内平均的讨论帖数量和一天内最大的讨论帖数量，分别用 avg 和 max 来表示。本章假定在状态 i 下，观察值的概率分布服从如下的泊松分布：

$$b_i(k) = \frac{\omega_i^k e^{-\omega_i}}{k!} \tag{4.1}$$

其中，泊松分布的参数 ω_i 与状态相关，且通过如下的公式得到：

$$\omega_i = avg + \frac{max - avg}{N} \times i, i = 0,1,\cdots,N-1 \tag{4.2}$$

（4）状态转移概率矩阵 A 和初始状态概率分布向量 π 是未知的，在给定观察值序列的前提下，可通过求解隐马尔可夫模型的第三类问题来获得。本章采用 Baum-Welch 算法来求出使 p（O｜A，π）达到最大的 A 和 π。Baum-Welch 算法的步骤描述如下：

（a）给定初始模型（待训练模型）λ_0；

（b）基于 λ_0 以及观察值序列 O，训练新模型 λ；

（c）如果 logp（O|λ）-logp（O|λ_0）<Delta，说明训练已经达到预期效果，算法结束；

（d）否则，令 $\lambda_0 = \lambda$，继续步骤（b）的工作。

步骤（b）中新模型 λ 的训练过程如下：

首先，根据前向算法和后向算法中对前向变量 $\alpha_t(i)$ 和后向变量 $\beta_t(i)$ 的定义，分别计算 $\alpha_t(i)$ 和 $\beta_t(i)$。前向变量定义为 $\alpha_t(i) = p(o_1, o_2, ..., o_t, s_t=i|\lambda_0)$，其计算可通过如下的递归过程得到。

初始化：$\alpha_1(i) = \pi_i b_i(o_1)$，$1 \le i \le N$

递归：$\alpha_{t+1}(j) = [\sum_{i=1}^{N} \alpha_t(i)a_{ij}]b_j(o_{t+1})$，$1 \le t \le T-1$，$1 \le j \le N$

终结：$p(O|\lambda) = \sum_{i=1}^{N} \alpha_T(i)$

后向变量定义为 $\beta_t(i) = p(o_{t+1}, o_{t+2}, \cdots, o_T, s_t = i|\lambda)$，$1 \le t \le T-1$，

其计算可通过如下的递归过程得到。

初始化：$\beta_T(i) = 1$，$1 \leqslant i \leqslant N$

递归：$\beta_t(i) = \sum_{i=1}^{N} a_{ij} b_j(o_{t+1}) \beta_{t+1}(j)$，$1 \leqslant t \leqslant T-1$，$1 \leqslant i \leqslant N$

终结：$p(O|\lambda) = \sum_{i=1}^{N} \beta_1(i)$

然后，在给定的初始模型 λ_0 和观察值序列 O 的情况下，从状态 i 到 j 的转移概率可定义为 $\xi(i, j)$，如式（4.3）所示：

$$\xi(i,j) = p(s_t = i, s_{t+1} = j|\lambda_0, O) = \frac{\alpha_t(i) \cdot a_{ij} \cdot b_j(o_{t+1}) \cdot \beta_{t+1}(j)}{\sum_{i'=1}^{N} \sum_{j'=1}^{N} \alpha_t(i') \cdot a_{i'j'} \cdot b_{j'}(o_{t+1}) \cdot \beta_{t+1}(j')} \quad (4.3)$$

定义 $\gamma_t(i) = \sum_{j=1}^{N} \xi(i, j)$，表示在第 t 天处于状态 i 的概率，则 $\sum_{t=1}^{T-1} \gamma_t(i)$ 表示在整个生命周期过程中从状态 i 转出的次数的预期，$\sum_{t=1}^{T-1} \xi_t(i, j)$ 表示在整个生命周期过程中从状态 i 转移到状态 j 的次数的预期。

基于以上的计算结果，可以重新估计新模型 λ 的参数。因为观察值的概率分布已由公式（4.1）给出，所以只需估计状态转移概率矩阵 A 和初始状态概率分布向量 $\boldsymbol{\pi}$。状态 i 到状态 j 的转移概率 a_{ij} 的估计值为：

$$\widehat{a}_{ij} = \frac{\sum_t \xi(i,j)}{\sum_t \sum_{j'} \xi(i,j')} \quad (4.4)$$

初始状态为 i 的概率 π_i 的估计值为：

$$\widehat{\pi}_i = \gamma_1(i) \quad (4.5)$$

4.2.2　状态序列的计算

遵照上一节中的描述，可以得到参数 A，B 和 $\boldsymbol{\pi}$ 的值。在已知观察值序列 O 和模型 $\lambda = (A, B, \boldsymbol{\pi})$ 的条件下，可以用 Viterbi 算法求解能够最为合理地解释观察值序列的状态序列 $Q = (q_1, q_2, \cdots, q_t, \cdots, q_T)$，其中，$q_t$ 表示在第 t 天该主题所处的活跃性状态。定义 $\delta_t(i) = \max_{q_1, q_2, \cdots, q_{t-1}} p(q_1, q_2, \cdots, q_{t-1}, q_t = i, o_1, o_2 \cdots, o_t|\lambda)$，则 Viterbi 算法的

步骤描述如下。

（1）初始化：$\delta_1(i) = \pi_i b_i(o_1),\ 1 \leqslant i \leqslant N$

$\phi_1(i) = 0, 1 \leqslant i \leqslant N$

（2）递归：$\delta_t(j) = \max\limits_{1 \leqslant i \leqslant N} [\delta_{t-1}(i) a_{ij}] b_j(o_i),\ 2 \leqslant t \leqslant T,\ 1 \leqslant j \leqslant N$

$\phi_t(j) = \mathop{\arg\max}\limits_{1 \leqslant i \leqslant N} [\delta_{t-1}(i) a_{ij}], 2 \leqslant t \leqslant T, 1 \leqslant i \leqslant N$

（3）终结：$P^* = \max\limits_{1 \leqslant i \leqslant N} [\delta_T(i)]$

$q_t^* = \mathop{\arg\max}\limits_{1 \leqslant i \leqslant N} [\delta_T(i)]$

（4）求状态序列 Q：$q_t^* = \phi_{t+1}(q_{t+1}^*),\ t = T-1,\ T-2,\ \cdots,\ 1$

通过上述的计算过程，可以得到一个主题活跃性的序列 $Q^* = (q_1^*,\ q_2^*,\ \cdots,\ q_T^*)$。在一段时间内，活跃度强的主题就是社交媒体平台中的热点主题，可以根据需要设置不同的活跃度的阈值，然后将满足这一阈值要求的热点主题推荐给平台中的用户。此外，本章所提出的模型可以直接推广到其他环境下，只需对观察值序列做出修改。

4.3 主题活跃度的变化模式分析

Barlas 和 Kanar 的研究认为活跃度的变化模式是多种多样的（Barlas 和 Kanar，1999）。如果将每一个主题各天内处于活跃状态的时间序列画成图形，则可以发现，不同主题对应的图形的形状是不同的，但从整体上呈现出几种变化模式。对主题活跃度的变化模式的分析有助于更深入地理解平台中热点主题的变化，同时还可以利用所发现的模式来预测未来可能的热点主题。Chen 等（2009）以及 Parikh 和 Sundaresan（2008）在利用隐马尔可夫模型对主题的活跃性建模后，分别采用了动态时间扭曲距离和小波变换两种不同的时间序列聚类算法对主题活跃度的变化模式进行了分析，但是它们所使用的聚类算法都没有利用到之前训练隐马尔可夫模型所得到的结果，增加了计算量和复杂性。本章利用 Bicego 等（2003）提出的基于隐马尔可夫模型的时间序列聚类算法来识别不同的主题活跃度的变化模式。

设 $\{O_1,\ O_2,\ \cdots,\ O_P\}$ 是要聚类的时间序列的集合，在本章中，

O_i 表示关于第 i 个主题的讨论帖的数量所构成的时间序列。λ_i 表示为序列 O_i 训练得到的隐马尔可夫模型，可遵循 4.2.1 节中提出的建模过程训练得到。每一个序列 O_i 可表示为如下所示的 P 维向量 D（O_i）的形式：

$$D\left(O_i\right) = \frac{1}{T_i} \begin{bmatrix} \log\left(P\left(O_i|\lambda^1\right)\right) \\ \log\left(P\left(O_i|\lambda^2\right)\right) \\ \vdots \\ \log\left(P\left(O_i|\lambda^P\right)\right) \end{bmatrix} \tag{4.6}$$

其中，T_i 表示 O_i 的长度，p（$O_i \mid \lambda_p$）可通过求解隐马尔可夫模型第一类问题的前向算法或后向算法计算得到，$1 \leqslant i$，$p \leqslant P$。

向量 D（O_i）将序列 O_i 映射为了 P 维欧式空间中的一个点，因而可以采用对 P 维欧式空间中的点进行聚类的算法，如凝聚层次聚类算法和 K-means 算法来对时间序列进行聚类，从而可以得到不同的主题活跃度的变化模式。

4.4　实验与分析

4.4.1　数据收集

社交媒体中的热点主题往往是与外部发生的真实事件相关联的。比如，当某一部电影上映时，社交媒体用户对该电影的讨论会增多，则这部电影很可能发展为热点主题。又比如当"新冠"肺炎疫情发生后，国内的社交媒体平台和主流论坛中出现了大量的对这一事件的讨论。通常情况下，当某一突发事件发生时，无论是社交媒体还是新闻网站中关于该事件的信息都会急剧增加，在事件被解决和处理后，随着对事件关注度的下降，社交媒体和新闻网站中有关该事件的信息会逐渐减少。社交媒体代表的是公众对事件的关注度，而新闻网站代表的是媒体对事件的关注度，对于一些重大突发事件而言，公众关注度和媒体关注度的变化是相似的。鉴于社交媒体数据收集的困难性和本章模型的通用性，本书从新闻网站中收集了一些重大突发事件的新闻报道，这些报道数据流的状态变化与社交媒体中关于同一事件的数据流的状态变化应是相近的，可以用来验证所提出的主题活跃度建模方法。

本章共从新华网、人民网、中新网和央视网4个网站收集了2004年到2009年发生的包括淮河洪水在内的28起突发事件的新闻报道。这28起事件的报道数量和报道的起止时间差异较大，报道数量从最少的84条到最多的2 889条，起止时间从最短的12天到最长的216天。本章首先对这28起突发事件的活跃度建模，并分析了主题活跃度的变化与导致这种变化的外在原因的对应关系。然后，对这28起事件新闻报道数量的时间序列进行聚类，去识别主题活跃度的不同变化模式及相应的特征。

4.4.2 实验结果及其分析

首先按照4.2.1节中提出的建模过程，为每一起突发事件新闻报道数量的序列构建一个相应的隐马尔可夫模型。模型中状态数 N 越大，则模型提供的描述能力越强，但训练模型所需的计算成本越大。本章依次取状态数 N=2，4，6，8，10。然后，利用 Baum-Welch 算法求解模型参数 π 和 A，再利用 Viterbi 算法求解能够最为合理地解释观察值序列的活跃性状态序列。下面以"淮河洪水"这一突发事件为例介绍实验的结果。

图 4-1 表示2007年淮河洪水这一突发事件新闻报道数量的变化趋势，也可以看作是对这一事件的关注度的变化。图 4-2 至图 4-6 分别表示当 N 取2，4，6，8，10时，这一事件的活跃度随时间变化的趋势。从图 4-2 至图 4-6 中可以看出，利用隐马尔可夫模型求解所得到的活跃度序列能很好地反映出主题活跃度随时间变化的趋势，也就是对这一事件的关注度的变化趋势：在有报道出现的前7天，由于报道数量低于平均报道数量，所以所处的状态为0，即处在非活跃状态；之后，随着报道数量的急剧增加，主题表现出活跃性；最后，随着报道数量的显著减少，状态又重新回到了0。但当 N 取2时，因为只有0-1两种状态，无法进一步区分活跃性的强弱，所以表达的信息比较单一。

以 N 取 6 为例，本章进一步地分析了主题活跃性出现的外在原因。第一次出现最强活跃度 5 的时间段为有报道出现的第 9 天到第 11 天，对应的实际日期为 2007 年 7 月 10 日到 7 月 13 日，在这段时间里，淮河出现了第一次洪峰；第二次出现状态 5 的时间为有报道出现的第 15 天，即 2007 年 7 月 17 日，淮河出现了第二次洪峰。由以上的分析可以看出，事件表现出活跃性的时段都是与某一外部事件的发生相对应的，比如洪峰的到来等，因此，本章所提出的主题活跃度的建模方法可以很好地反映出主题的内在变化趋势。

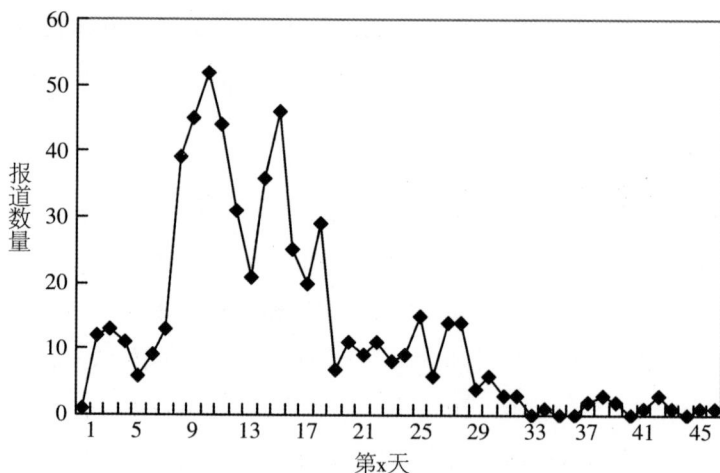

图 4-1 "淮河洪水"的新闻报道数量随时间变化的趋势

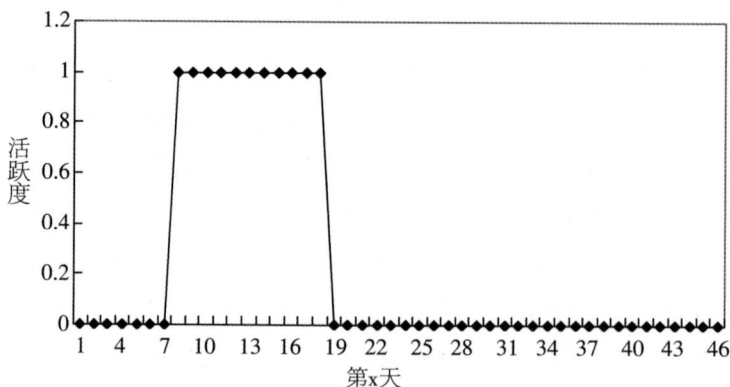

图 4-2 N=2 时，"淮河洪水"的主题活跃度随时间变化的趋势

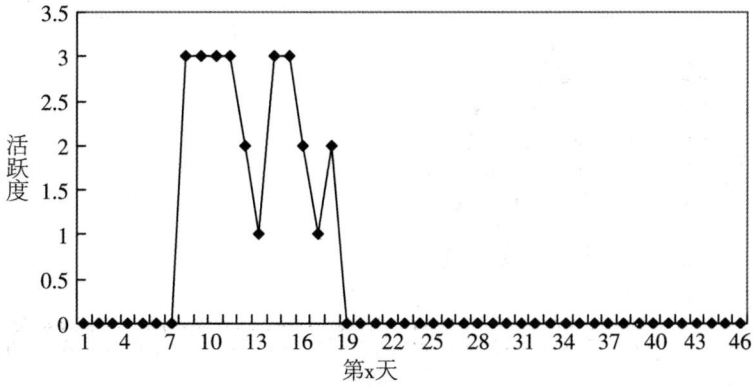

图 4-3　N=4时，"淮河洪水"的主题活跃度随时间变化的趋势

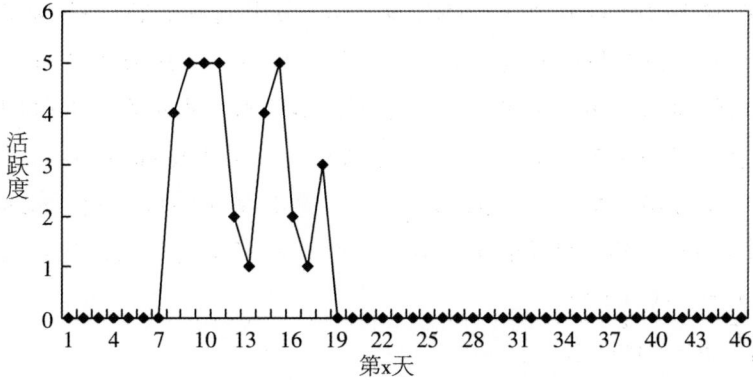

图 4-4　N=6时，"淮河洪水"的主题活跃度随时间变化的趋势

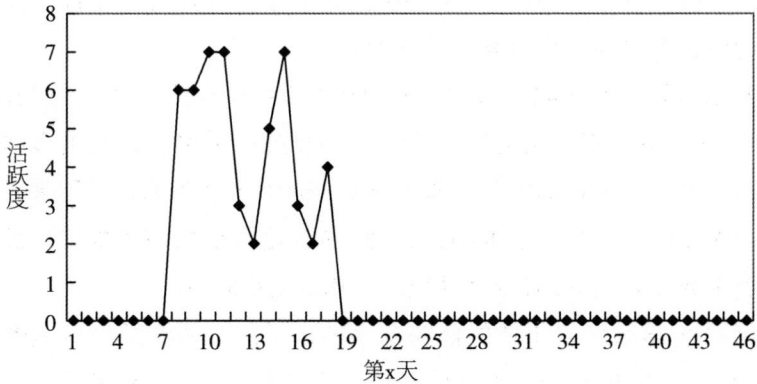

图 4-5　N=8时，"淮河洪水"的主题活跃度随时间变化的趋势

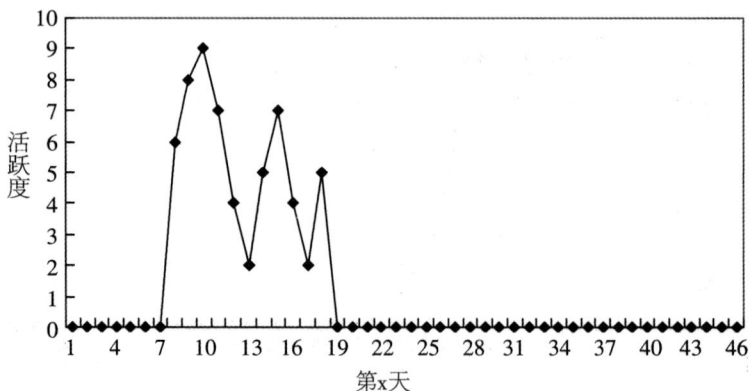

图4-6　N=10时，"淮河洪水"的主题活跃度随时间变化的趋势

在以上分析的基础上，本章采用4.3节中的聚类算法对28起突发事件新闻报道数量的时间序列进行了聚类分析。应用公式（4.6）和训练得到的隐马尔可夫模型将每一个突发事件新闻报道数量的时间序列均映射为了一个28维的向量，在此基础上，采用K-means算法进行聚类。在实验中，K依次取3，4，5，6，然后使用轮廓系数（Silhouette Coefficient）来确定最佳的聚类数目。对于第i个对象，其轮廓系数的计算公式如公式（4.7）所示：

$$s_i = (b_i - a_i) / \max(a_i, b_i) \tag{4.7}$$

其中，a_i表示对象i到其所属类中所有其他对象的平均距离，b_i表示对象i到任意其他类中所有对象的平均距离的最小值。通常，通过计算所有对象的轮廓系数的平均值来度量聚类的优良性。

本章分别应用N=2，4，6，8，10时训练得到的隐马尔可夫模型，对28起突发事件新闻报道数量的时间序列进行了聚类，聚类得到的结果基本一致。由于篇幅所限，本章仅对N=6时所得到的聚类结果进行分析。在N=6时，依次比较K=3，4，5，6时轮廓系数的平均值，最终确定聚类个数K为4，此时轮廓系数的平均值为0.5548。

比照这28起突发事件的活跃度序列，可以很清晰地分析出聚类所得到的这4类活跃度变化模式的特征。本章将这4类变化模式分别命名为单峰型、宽峰型、多峰型和波动型。表4-1列出了每一类变化模式的特征，每一类变化模式的图形表示如图4-7~图4-10所示，对每一类的具体说明如下。

表4-1   **4类主题活跃度变化模式的特征**

模式名称	特征
单峰型	单一的短暂的活跃度峰值
宽峰型	迅速达到活跃度的峰值，但其处在活跃度峰值的时间更长
多峰型	有2个或多个波峰，呈现2个以上起伏
波动型	1个单峰和2个或多个小的起伏

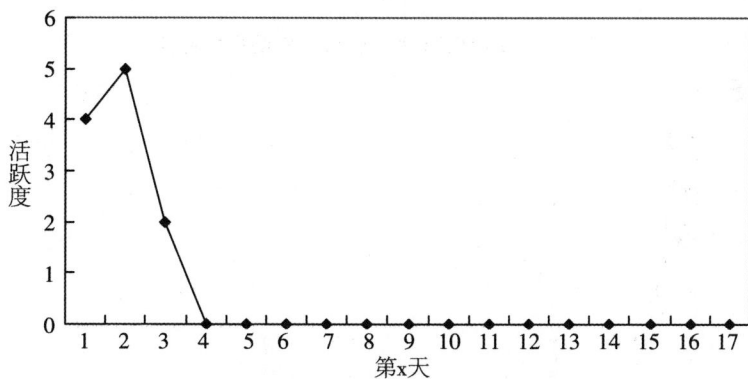

图4-7   单峰型事件活跃度变化模式的特征

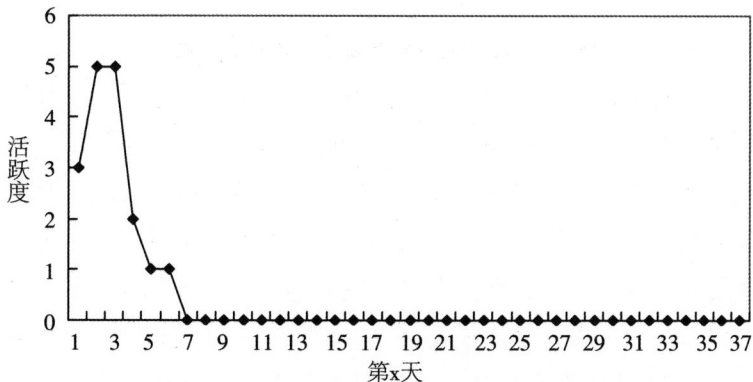

图4-8   宽峰型事件活跃度变化模式的特征

第一类：单峰型。这一类演化模式的表现为单一的短暂的峰值。在事件发生后，报道数量由少到多急剧增加，通常在事件发生后的第二天就达到爆发性的峰值。随后，报道数量迅速减少，回到非爆发的状态。

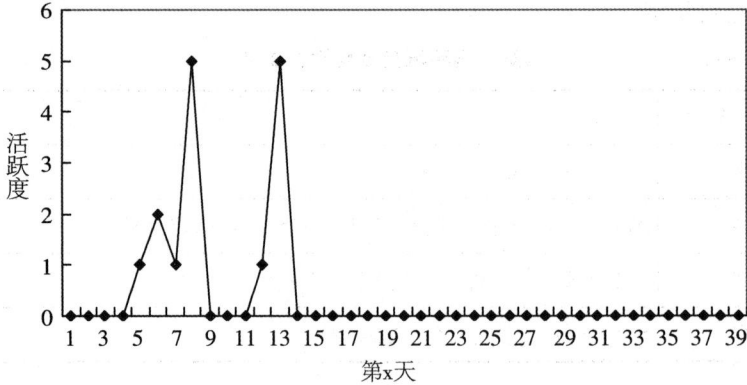

图4-9　多峰型事件活跃度变化模式的特征

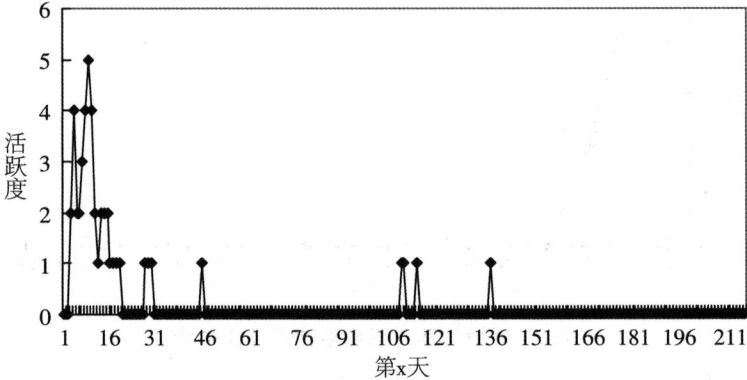

图4-10　波动型事件活跃度变化模式的特征

属于这一类的主题具有的特征有：突然发生，迅速引起关注，事件的影响较小或事件得到了及时妥善的处理，因而关注度迅速下降。

第二类：宽峰型。这一类演化模式与单峰型相比，在事件发生后，讨论数量也会迅速增加，迅速达到爆发性的峰值，但其处在爆发性峰值的时间更长。随后，讨论数量会呈递减趋势。这一类事件与单峰型事件类似，均为突然爆发，迅速引起关注，但由于关注度较高或事件处理时间较长，因而讨论数量会在一段时间内保持很高的值，然后才呈下降趋势。

第三类：多峰型。峰型演化模式表现为有2个或多个波峰，呈现2个以上起伏。这一类演化模式的事件由于次生或衍生事件较多，会有新的关注点出现而重新引起公众的注意，所以讨论数量又迅速增加，经过一段时间后平息下来，如果没有新的引起关注的信息，则讨论数量会逐渐趋于0。

第四类：波动型。波动型演化模式表现为1个单峰和2个或多个小的起伏。对这一类事件的讨论在平息之后，会因为新的关注点的出现而重新引起关注，但与多峰型相比，关注度并不很高，因而只表现为局部的小起伏。

4.5 本章小结

本章基于隐马尔可夫模型，提出了主题活跃度的建模方法，以识别社交媒体平台中的热点主题。在此基础上，本章采用基于隐马尔可夫模型的时间序列聚类算法分析了不同的主题活跃度的变化模式。实验的结果表明所提出的主题活跃度的建模方法和活跃度变化模式的分析方法是有效的。

第5章　基于主题模型的社区发现算法

在企业社交媒体平台上，每一个用户都可以就自己感兴趣的主题与其他用户进行讨论，提出自己的问题，得到其他用户的回复。通过这种不断地讨论和交流，用户会构建个人的社会关系连接，从而形成一个隐性的社会关系网络。这个社会关系网络是知识共享与协作的重要基础，它承载着用户在交互中形成的复杂关系，为用户间的信息交换和知识共享提供了支持。在这样的社会关系网络中又存在着许多的隐性的子社区，同一个子社区内的用户间的联系要比子社区内的用户与其他子社区的用户的联系更为紧密。这些隐性的子社区往往是一些兴趣相同或相似的用户组成的非正式的小组，每一个小组的兴趣通常表现为某个或某几个主题。因此，从社会关系网络中挖掘隐含的子社区结构对于理解企业社交媒体平台上知识的创造、表示和共享，研究不同用户的兴趣具有十分重要的意义。然而，由于网络规模巨大，隐性子社区的数量较多，每一个子社区的结构又在不断地变化，因而无法通过人工的方式去发现和维护子社区，而是需要研究自动化或者半自动的社区发现技术。本章将借助主题模型研究企业社交媒体平台中的社区发现算法，在传统的基于关系的社区发现算法的基础上，将用户间讨论的内容信息也包含在社区发现算法中。使用这种社区发现算法不仅可以提取出子社区的结构，还可以得到以主题表示的子社区用户的共同兴趣。本章的研究将作为下一章专家发现和协作者推荐算法的基础。

本章的内容安排如下：5.1 节对传统的社区发现算法和主题模型进行了综述。5.2 节详细介绍了所提出的社区发现算法，即社区-用户-主题模型和对应的统计推断算法。5.3 节在社区-用户-主题模型的基础上，构建了用户的专业知识模型和社会模型。5.4 节对所提出的社区发现算法进行了验证。5.5 节对本章内容进行了总结。

5.1　相关研究现状

5.1.1　社区发现算法

传统的社区发现算法都是基于关系的，基于关系的方法利用用户之间通过某种可量化的交互而形成的显性的关系来发现子社区，这种可量化的交互可以是发送-接收电子邮件，发送-接收即时消息或者发布-回复讨论帖等。社区用户和用户间的关系可被表示为如图 5-1 所示的社群图的形式，图中的节点表示用户，节点间的连线表示用户之间的关系。在此基础上，许多研究者提出了基于图论的社区发现算法，包括光谱图分割算法（Pothen 等，1990；Ding，2004）、层级社区发现算法（Wu 等，2004）和基于随机行走的聚类算法（Harel 和 Koren，2001）等。光谱图分割算法是基于图邻接矩阵的拉普拉斯算子的，其关键是设计用于分割的成本函数，使得切割图的成本是图邻接矩阵的拉普拉斯算子的函数，所选的切割点应是使成本函数达到最小的点。目前，最常用的成本函数是 Ncut（Normalised Cut）（Shi 和 Malik，2000）。层级社区发现算法根据节点间的紧密程度来合并节点及对应的边，节点间的紧密程度是由 2 个节点在图中的距离来度量的，比如使用节点间的最短路径长度。基于随机行走的聚类算法是将随机行走算法递归地应用到图中的节点。以上基于图论的社区发现算法虽然使用的方法不同，但都是基于同一个基本的假设：子社区内部的交互要远远地比子社区之间的交互更为紧密。

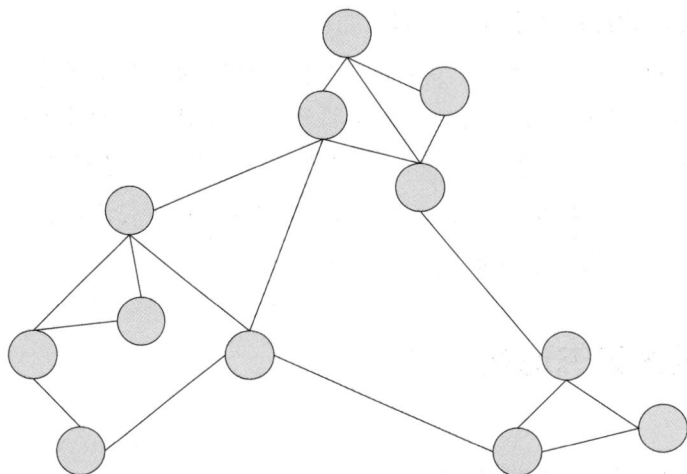

图5-1　社区用户的社会关系网络图

传统的基于用户间关系的社区发现算法虽然得到了广泛的应用，但它们也存在如下的问题：（1）那些与大多数用户都存在交互关系的节点会使得基于关系的社区发现算法产生偏差，例如在一个电子邮件网络中，垃圾邮件的发送者几乎与其他每一个用户都存在发送-接收关系，在这种情况下，通过基于关系的社区发现算法所提取出的子社区无法代表真实的子社区结构；（2）无法在语义上对通过基于关系的社区发现算法所提取出的子社区提供解释，即无法解释为什么这些用户间的交互会形成一个子社区，此外，仅仅考虑用户间的关系也会使得讨论不相关的语义内容的两组或多组用户被合并为一个子社区。为了解决基于关系的社区发现算法存在的问题，一些研究者开始考虑在社区发现中利用用户间交互的内容信息，这些内容信息反映了用户们共同的兴趣，更好地解释了为什么这些用户会形成联系紧密的子社区。然而，如何把用户间的交互关系和用户间交互的内容信息这两者结合起来就成为了社区发现的研究者们要解决的一个问题，以 Latent Dirichlet Allocation 为代表的主题模型为解决这一问题提供了途径。

5.1.2　Latent Dirichlet Allocation 主题模型

主题模型（Topic Model）的目的是利用数学和统计技术自动提取隐含在文档集中隐藏或潜在的语义结构，即主题，并按照词的分布形式直观地表达主题，为无监督地分析文档和预测新文档提供了方便的工具。主题模型的基本思想是假设在一个文档集中存在 K 个（隐）主题，其中每个主题是在不同词上的分布，而每篇文档又可看作是这 K 个主题的随机混合分布。主题模型刻画了文档的简单概率生成过程，它是一种概率生成模型（Generative Probabilistic Model），即若想生成一篇新文档，需要在 K 个主题中选择一个概率分布，然后从这些主题中提取词，这些词便组成了这篇新文档。

Latent Dirichlet Allocation（LDA）模型是最常用的主题模型，是由 Blei 等（2003）在 2003 年提出的。它使用 Dirichlet 分布来作为主题分布信息的先验知识。LDA 模型可用如图 5-2 所示的图模型来表示。

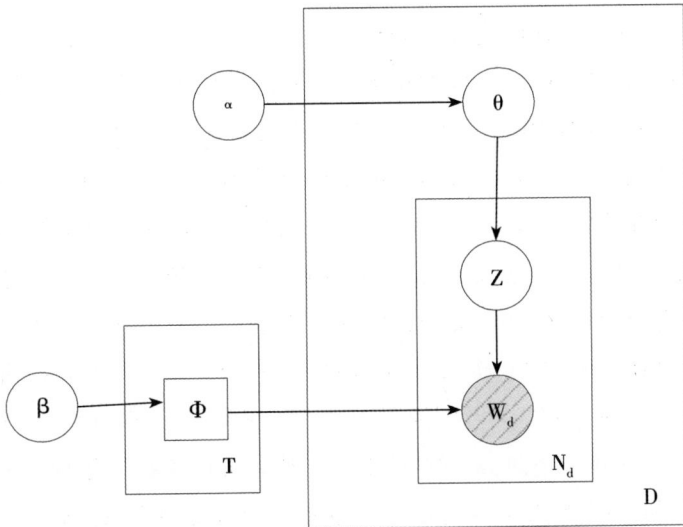

图 5-2　LDA 的图模型

LDA 模型是一个概率生成式模型，其产生文档的过程如下：

（1）对每一个主题 z，在服从参数为 β 的 Dirichlet 分布上选取一个多项式分布 φ_z；

（2）对每一篇文档 d，在服从参数为 α 的 Dirichlet 分布上选取一个多项式分布 θ_d；

（3）对文档 d 中的每一个词 w_{di}，i=1，2，…，N_d，在文档对主题的多项式分布 θ_d 上，随机选择一个主题 z_{di}；

（4）在主题对词汇的多项式分布 $\varphi_{z_{di}}$ 上，随机选择一个词 w_{di}。

由此可得，由 LDA 模型生成一个文档集的过程为：

$$p(D|\alpha,\beta) = \prod_{d=1}^{M} \int P(\theta_d|\alpha)(\prod_{i=1}^{N_d}\sum_{z_{di}}p(z_{di}|\theta_d)p(w_{di}|z_{di},\beta))\,d\theta_d \tag{5.1}$$

在 LDA 模型的基础上，许多研究者对其进行了扩展，比较有代表性的是作者–主题（Author-Topic）模型（Rosen-Zvi 等，2004），TOT（Topics Over Time）模型（Wang 和 McCallum，2006），相关主题（Correlated Topics）模型（Blei 和 Lafferty，2006）和作者–接收者–主题（Author-Recipient-Topic，ART）模型（McCallum 和 Wang，2007）等。作者–主题模型包含了文档作者的信息，它认为每一个作者都是主题的混合分布，每个主题仍是在不同词上的分布，而一篇文档往往有多个作者，文档的主题分布可以模型化为几个作者的主题分布的一种组合。从作者–主题模型中不仅可以获得文档的内容信息，还可以获得作者的兴趣信息。TOT 模型认为主题的发现不仅仅受到词的共同出现的频率的影响，还受到时间变化的影响，如前几年里某个主题可能比较热门，在整个文档集中的比重自然就会大一些，而后来可能随着对这个主题关注度的下降，这个主题在整个文档集中的比重也自然要下降了。相关主题模型克服了 LDA 模型中有关主题相互独立的假设，解决了主题间的相关性问题。作者–接收者–主题模型适用于对像电子邮件这样有发送者和接收者的文档进行处理，它除了可以发现文档的内容信息外，还可以发现发送者和接收者的关系。以上的这些模型都从不同的侧面对 LDA 模型进行了扩展，使得 LDA 主题模型被越来越多地应用到文本挖掘和信息检索等多个领域。

在 LDA 模型中，需要在给定的先验知识和观察到的词序列 w_d 的条件下，得到主题变量的词汇分配 z_d 以及 θ 和 φ 的后验分布。由于未知的变量较多，很难进行精确推断，因而目前已经有许多近似推断算法被提出来，如最基本的 Expectation Maximization（EM）算法（Hofmann，1999），近似推断方法的变种 EM 算法（Blei 和 Lafferty，2006），Expectation Propagation 算法（Lafferty，2002）和 Gibbs 抽样算法（Griffiths 和 Steyvers，2004）。在以上这些方法中，给定 Dirichlet 先验知识和允许从后验分布的局部最大化中进行联合估计的前提下，Gibbs 抽样算法最为简便和有效。

Gibbs 抽样算法作为马尔可夫链蒙特卡洛方法（Markov Chain Monte Carlo，MCMC）的一种简单实现形式，其目的是构造收敛于某目标概率分布的马尔可夫链，并从链中抽取被认为接近该概率分布值的样本。对于 LDA 模型，仅仅需要对主题的词汇分配，也就是变量 z_{di} 进行抽样，z_{di} 的后验分布为：

$$p(z_{di} = z | z_{-di}, w_{di} = w, w_{-di}) = \frac{n_{-di,zw}^{TW} + \beta}{\sum_{w'=1}^{V} n_{-di,zw'}^{TW} + V\beta} \times \frac{n_{-di,dz}^{DT} + \alpha}{\sum_{z'=1}^{T} n_{-di,dz'}^{DT} + T\alpha} \tag{5.2}$$

其中，V 和 T 分别表示整个文档集中的词汇数和主题数，$n_{-di,\ zw}^{TW}$ 表示除文档 d 中第 i 个实例外，由主题 z 生成词汇 w 的次数，$n_{-di,\ dz}^{DT}$ 表示除文档 d 中第 i 个实例外，在文档 d 中出现主题 z 的次数。

在此基础上，可以估计出 θ 和 φ：

$$\theta_{dz} = \frac{n_{dz}^{DT} + \alpha}{\sum_{z'=1}^{T} n_{dz'}^{DT} + T\alpha} \tag{5.3}$$

$$\varphi_{zw} = \frac{n_{zw}^{TW} + \beta}{\sum_{w'=1}^{V} n_{zw'}^{TW} + V\beta} \tag{5.4}$$

采用 Gibbs 抽样算法估计 LDA 模型参数的具体流程如下：

（1）随机初始化，对整个文档集中每篇文档的每个词汇 w，随机地赋予一个主题 z；

（2）重新扫描文档集，对每个词 w 按照公式（6.2）重新采样其主题，在文档集中进行更新；

（3）重复以上的采样过程直到 Gibbs 抽样收敛；

（4）统计文档集中的主题-词共现频次矩阵，得出LDA模型的参数。

主题模型很好地刻画了文档的生成过程。在企业社交媒体平台上，用户间的交互往往都伴随着文本内容的交换，比如发送-接收即时消息和发布-回复讨论帖等。这些由社区用户交互产生的文本内容的生成过程也可以由主题模型来刻画。一些研究者在LDA模型的基础上加入了一个隐含的子社区变量来描述由社区用户交互产生的文档的生成过程，从而实现了子社区的发现。Zhou（2008）提出了两个模型CUT1和CUT2，CUT1模型只考虑了社区与用户间的联系，而忽略了社区与主题间的联系，所发现的子社区更侧重于用户间联系的紧密程度，与传统的基于关系的社区发现算法得到的结果很相似，而CUT2模型只考虑了社区与主题间的联系，而忽略了社区与用户间的联系，所发现的子社区更侧重于用户所关注主题的紧密程度。Minmo等（2004）提出的模型假定在给定子社区后，用户与主题是条件独立的，但一个子社区内用户彼此间交流的主题也是与用户自身相关的，因此，用户与主题是条件独立的假设并不合理。Pathak等（2008）提出的CART（Community-Author-Recipient-Topic）模型扩展了ART模型，它适用于提取电子邮件网络中隐含的子社区。CART模型假定电子邮件的发送者和接收者是由社区变量生成的，而社区变量和电子邮件的发送者与接收者一起确定了电子邮件的主题，该模型克服了Zhou和Minmo模型的不足，但其仅适用于有一个发送者和多个接收者的有向网络，而不适合像社交媒体平台一样存在用户双向交流的社会网络。

本章在LDA模型及其扩展模型，特别是CART模型的基础上，提出了社区-用户-主题（Community-User-Topic，CUT）模型来实现结合内容和用户间关系的社区发现，该模型相比于CART模型更适用于存在用户双向交流的社会网络中的子社区发现。

5.2 社区-用户-主题模型

社区-用户-主题（Community-User-Topic，CUT）模型是一个概率生成模型，该模型对Pathak等人的CART模型进行了修改，能够根据用户间的交互关系和用户间讨论的内容来发现隐性的社区结构。

5.2.1 模型描述

设在企业社交媒体平台上有 N 个用户，这 N 个用户共参与了 D 个讨论话题（Discussion Thread），每一个讨论话题都有一个或多个用户参与，这些用户之间存在双向交流的关系，从而形成了隐性的社区。在 D 个讨论话题中出现的词汇构成一个词汇数为 V 的词汇表。根据 CUT 模型，对于每一个讨论话题 d，其生成过程遵循如下的步骤：

（1）从均匀分布中，随机选择一个子社区 c_d；

（2）在子社区 c_d 的基础上，从子社区 c_d 在用户上的多元分布 $\psi_{c_d a}$ 中，选择出 d 的参与者的集合 a_d；

（3）对 d 中第 i 个词 w_{di}，i=1，2，…，N_d，从集合 a_d 中随机选择一个用户 x_{di}；

（4）基于子社区–用户对 $<c_d，x_{di}>$，从子社区–用户在主题的分布 $\theta_{c_d x_{di},z}$ 中，选择一个主题 z_{di}；

（5）从主题 z_{di} 在词汇的多元分布 $\varphi_{z_{di}}$ 中，随机选择一个词 w_{di}。

与 CUT 模型的生成过程相对应的图模型如图 5-3 所示。

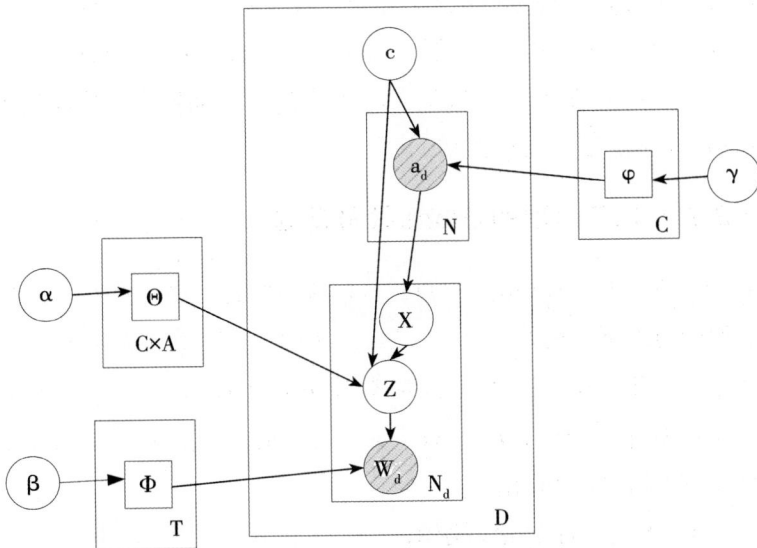

图 5-3　CUT 模型

图 5-3 中，讨论话题 d 的参与者 a_d 和词序列 w_d 是能够观察到的变量，用灰色标识，其他的变量都是隐变量。在 CUT 模型中，除了子社区变量 c_d 的抽样以及从讨论话题的参与者集合 a_d 中选择一个参与者 x_{di} 的抽样是服从均匀分布外，其余的分布 ψ，θ 和 φ 都具有先验分布，且先验分布分别是服从超参数为 γ，α 和 β 的 Dirichlet 分布。为了使模型的推理更为简单，本模型给定子社区数 M 和主题数 T，并将超参数 γ，α 和 β 设为固定值。

从 CUT 模型中可以看出，每一个讨论话题被限定为只属于一个子社区，每一个子社区都有相关的兴趣主题，子社区内的用户对这些主题感兴趣，并围绕着这些主题进行合作交流，因此，CUT 模型就实现了基于用户间的交互关系和讨论内容的社区发现。

给定一个讨论话题 d，子社区、用户、主题和词的联合概率分布见公式（5.5）。

$$p(c_d,a_d,x_d,z_d,w_d) = p(c_d)\prod_{a \in a_d}p(a|c_d)\prod_{i=1}^{N_d}p(x_{di}|a_d)p(z_{di}|c_d,x_{di})p(w_{di}|z_{di})$$
$$\propto p(c_d)\prod_{a \in a_d}p(a|c_d)\prod_{i=1}^{N_d}p(z_{di}|c_d,x_{di})p(w_{di}|z_{di})$$

(5.5)

CUT 模型提取隐性子社区和隐含的主题的过程是在观察到用户 a_d 和词序列 w_d 的条件下，反向推出隐变量 c_d、x_d 和 z_d，从而得到 ψ，θ 和 φ 的过程。由于同时存在多个未知变量，难以进行精确推理，因而本章采用 Gibbs 抽样算法来进行近似推理。

5.2.2　CUT 模型的 Gibbs 抽样算法

对于 CUT 模型，Gibbs 抽样算法分两步交替迭代进行。首先，在给定其他变量的前提下，更新子社区变量 c_d；其次，在给定子社区和其他变量的前提下，更新 $<x_{di},z_{di}>$。条件概率 $p(c_d = c|c_{-d}, a_{-d}, z_{-d}, x_{-d}, a_d, z_d, x_d, w)$ 和 $p(x_{di} = x, z_{di} = z|c_d, a_d, c_{-d}, a_{-d}, x_{-di}, z_{-di}, w_{-di}, w_{di} = w)$ 分别由引理 1 和引理 2 给出。

引理 1：给定一个讨论话题 d，

$$p(c_d = c | c_{-d}, a_{-d}, z_{-d}, x_{-d}, a_d, z_d, x_d, w)$$

$$\propto \prod_{i=1}^{|a_d|} \left(\frac{n_{-d,ca_i}^{CU} + \gamma}{\sum_{j=1}^{N} n_{-d,ca_j}^{CU} + N \times \gamma + i - 1} \right) \times \prod_{x \in x_d} \left(\frac{\prod_{z=1}^{T} \Gamma\left(e_{d,xz} + n_{-d,(cx)z}^{(CU)T} + \alpha\right)}{\Gamma\left((\sum_{z=1}^{T} e_{d,xz} + n_{-d,(cx)z}^{(CU)T}) + T \times \alpha\right)} \right) \quad (5.6)$$

其中，$e_{d,xz}$ 表示在讨论话题 d 中，由用户 x 生成主题 z 的次数，$n_{-d,(cx)z}^{(CU)T}$ 表示除讨论话题 d 外，由子社区-用户对<c，x>生成主题 z 的次数。

证明：

根据贝叶斯法则，有：

$$p(c_d = c | c_{-d}, a_{-d}, z_{-d}, x_{-d}, a_d, z_d, x_d, w)$$
$$\propto p(a_d, x_d, z_d | c_d = c, c_{-d}, a_{-d}, x_{-d}, z_{-d})$$
$$= p(a_d | c_d = c, c_{-d}, a_{-d}, x_{-d}, z_{-d}) \times p(x_d | a_d) \times p(z_d | c_d = c, x_d, c_{-d}, a_{-d}, x_{-d}, z_{-d})$$
$$\propto p(a_d | c_d = c, c_{-d}, a_{-d}, x_{-d}, z_{-d}) \times p(z_d | c_d = c, x_d, c_{-d}, a_{-d}, x_{-d}, z_{-d})$$

首先，

$$p(a_d | c_d = c, c_{-d}, a_{-d}, x_{-d}, z_{-d})$$

$$= \prod_{i=1}^{|a_d|} p(a_i | c_d = c, c_{-d}, a_{-d}, x_{-d}, z_{-d}, a_1, \cdots, a_{i-1})$$

$$= \prod_{i=1}^{|a_d|} \int_{\psi_c} p(a_i | c_d = c, \psi_c) \times p(\psi_c | c_d = c, c_{-d}, a_{-d}, x_{-d}, z_{-d}, a_1, \cdots, a_{i-1}) d\psi_c$$

$$= \prod_{i=1}^{|a_d|} \int_{\psi_c} p(a_i | c_d = c, \psi_c) \times p(a_{-d}, a_1, \cdots, a_{i-1} | c_d = c, c_{-d}, x_{-d}) \times p(\psi_c | \gamma) d\psi_c$$

$$= \frac{n_{-d,ca_1}^{CU} + \gamma}{\sum_{j=1}^{N} n_{-d,ca_j}^{CU} + N_a \times \gamma} \times \frac{n_{-d,ca_2}^{CU} + \gamma}{\sum_{j=1}^{N} n_{-d,ca_j}^{CU} + N_a \times \gamma + 1} \times \cdots \times \frac{n_{-d,ca_{|a_d|}}^{CU} + \gamma}{\sum_{j=1}^{N} n_{-d,ca_j}^{CU} + N_a \times \gamma + |a_d| - 1}$$

$$= \prod_{i=1}^{|a_d|} \left(\frac{n_{-d,ca_i}^{CU} + \gamma}{\sum_{j=1}^{N} n_{-d,ca_j}^{CU} + N_a \times \gamma + i - 1} \right)$$

进一步，

$$p(z_d | c_d = c, x_d, c_{-d}, a_{-d}, x_{-d}, z_{-d})$$

$$= \prod_{x \in x_d} \int_{\theta_{cx}} p(z_{d,x} | \theta_{cx}, c_d = c, x) \times p(\theta_{cx} | c_d = c, c_{-d}, a_{-d}, x_{-d}, z_{-d}) d\theta_{cx}$$

分别计算积分符号内的两项。

第一部分：

$$p(z_{d,x}|\theta_{cx}, c_d = c, x) = \prod_{z=1}^{T} \theta_{cx,z}^{e_{d,xz}}$$

基于贝叶斯法则，第二部分：

$$p(\theta_{cx}|c_d = c, c_{-d}, a_{-d}, x_{-d}, z_{-d}) \propto p(c_{-d}, a_{-d}, x_{-d}, z_{-d}|\theta_{cx}) \times p(\theta_{cx}|\alpha)$$

因为 θ_{cx} 的先验分布服从 Dirichlet 分布，所以有：

$$p(\theta_{cx}|\alpha) = \frac{1}{beta(\alpha)} \cdot \prod_{z=1}^{T} \theta_{cx,z}^{\alpha-1}$$

$$p(\theta_{cx}|c_d = c, c_{-d}, a_{-d}, x_{-d}, z_{-d}) \propto \prod_{z=1}^{T} \theta_{cx,z}^{n_{-d,(cx)z}^{(CU)T}} \times \prod_{z=1}^{T} \theta_{cx,z}^{\alpha-1} = \prod_{z=1}^{T} \theta_{cx,z}^{n_{-d,(cx)z}^{(CU)T} + \alpha - 1}$$

结合积分符号内的第一项和第二项，有：

$$p(z_d|c_d = c, c_{-d}, a_{-d}, x_{-d}, z_{-d}) \propto \prod_{x \in x_d} \int_{\theta_{cx}} \prod_{z=1}^{T} \theta_{cx,z}^{e_{d,xz} + n_{-d,(cx)z}^{(CU)T} + \alpha - 1} d\theta_{cx}$$

利 用 Dirichlet 分 布 的 性 质 $\int_{\theta_{cx}} \dfrac{\Gamma(\sum\limits_{z=1}^{T}(e_{d,xz} + n_{-d,(cx)z}^{(CU)T} + \alpha))}{\prod\limits_{z=1}^{T}\Gamma(e_{d,xz} + n_{-d,(cx)z}^{(CU)T} + \alpha)} \cdot$

$\theta_{cx,z}^{e_{d,xz} + n_{-d,(cx)z}^{(CU)T} + \alpha - 1} d\theta_{cx} = 1$，有：

$$p(z_d|c_d = c, c_{-d}, a_{-d}, x_{-d}, z_{-d})$$

$$\propto \prod_{x \in x_d} \frac{\prod\limits_{z=1}^{T}\Gamma(e_{d,xz} + n_{-d,(cx)z}^{(CU)T} + \alpha)}{\Gamma(\sum\limits_{z=1}^{T}(e_{d,xz} + n_{-d,(cx)z}^{(CU)T} + \alpha))} \times \int_{\theta_{cx}} \frac{\Gamma(\sum\limits_{z=1}^{T}(e_{d,xz} + n_{-d,(cx)z}^{(CU)T} + \alpha))}{\prod\limits_{z=1}^{T}\Gamma(e_{d,xz} + n_{-d,(cx)z}^{(CU)T} + \alpha)} \cdot \theta_{cx,z}^{e_{d,xz} + n_{-d,(cx)z}^{(CU)T} + \alpha - 1} d\theta_{cx}$$

$$= \prod_{x \in x_d} \frac{\prod\limits_{z=1}^{T}\Gamma(e_{d,xz} + n_{-d,(cx)z}^{(CU)T} + \alpha)}{\Gamma(\sum\limits_{z=1}^{T}(e_{d,xz} + n_{-d,(cx)z}^{(CU)T} + \alpha))} = \prod_{x \in x_d} \frac{\prod\limits_{z=1}^{T}\Gamma(e_{d,xz} + n_{-d,(cx)z}^{(CU)T} + \alpha)}{\Gamma(\sum\limits_{z=1}^{T}(e_{d,xz} + n_{-d,(cx)z}^{(CU)T}) + T\alpha)}$$

综上，引理 1 得证。

引理 2：给定一个讨论主题 d，

$$p(x_{di} = x, z_{di} = z|c_d, a_d, c_{-d}, a_{-d}, x_{-di}, z_{-di}, w_{-di}, w_{di} = w) = \frac{n_{-di,zw}^{TW} + \beta}{\sum\limits_{w'=1}^{V} n_{-di,zw'}^{TW} + V\beta} \times \frac{n_{-di,(cx)z}^{(CU)T} + \alpha}{\sum\limits_{z'=1}^{T} n_{-di,(cx)z'}^{(CU)T} + T\alpha}$$

$$(5.7)$$

其中，$n_{-di,xy}^{XY}$ 表示除讨论主题 d 中第 i 个实例外，由 $x \in X$ 生成 $y \in Y$ 的次数。

证明：

利用贝叶斯法则，有：

$$p(x_{di} = x, z_{di} = z | c_d, a_d, c_{-d}, a_{-d}, x_{-di}, z_{-di}, w_{-di}, w_{di} = w)$$

$$= p(x_{di} = x | a_d) \times p(z_{di} = z | c_d, a_d, c_{-d}, a_{-d}, x_{-di}, z_{-di}, w_{-di}, w_{di} = w, x_{di} = x)$$

$$\propto p(z_{di} = z | c_d, a_d, c_{-d}, a_{-d}, x_{-di}, z_{-di}, x_{di} = x) \times p(w_{di} = w | z_{-di}, w_{-di}, z_{di} = z)$$

首先，

$$p(z_{di} = z | c_d, a_d, c_{-d}, a_{-d}, x_{-di}, z_{-di}, x_{di} = x)$$

$$= \int_{\theta_{c_d x}} p(z_{di} = z | c_d, a_d, x_{di} = x, \theta_{c_d x}) \cdot p(\theta_{c_d x} | c_d, a_d, c_{-d}, a_{-d}, x_{-di}, z_{-di}, x_{di} = x) d\theta_{c_d x}$$

$$= \int_{\theta_{c_d x}} p(z_{di} = z | c_d, a_d, x_{di} = x, \theta_{c_d x}) \cdot p(z_{-di} | c_d, a_d, c_{-d}, a_{-d}, x_{-di}, \theta_{c_d x}, x_{di} = x) \cdot p(\theta_{c_d x} | \alpha) d\theta_{c_d x}$$

$$= \int_{\theta_{c_d x}} \theta_{c_d x, z} \cdot \prod_{z'=1}^{T} \theta_{c_d x, z'}^{n_{-da,(ex)z'}^{(CU)T}} \cdot \frac{\Gamma(T\alpha)}{\prod_{z'=1}^{T} \Gamma(\alpha)} \prod_{z'=1}^{T} \theta_{c_d x, z'}^{\alpha-1} d\theta_{c_d x}$$

利用 Dirichlet 分布的性质，有：

$$p(z_{di} = z | c_d, a_d, c_{-d}, a_{-d}, x_{-di}, z_{-di}, x_{di} = x)$$

$$\propto \prod_{z' \neq z} \Gamma(n_{-di,(c_d x)z'}^{(CU)T} + \alpha) \times \frac{\Gamma(n_{-di,(c_d x)z}^{(CU)T} + \alpha + 1)}{\Gamma(\sum_{z'=1}^{T}(n_{-di,(c_d x)z'}^{(CU)T} + \alpha) + 1)}$$

$$\propto \frac{(n_{-di,(c_d x)z}^{(CU)T} + \alpha) \cdot \Gamma(n_{-di,(c_d x)z}^{(CU)T} + \alpha)}{(\sum_{z'=1}^{T}(n_{-di,(c_d x)z'}^{(CU)T} + \alpha)) \cdot \Gamma(\sum_{z'=1}^{T}(n_{-di,(c_d x)z'}^{(CU)T} + \alpha))}$$

$$\propto \frac{n_{-di,(c_d x)z}^{(CU)T} + \alpha}{\sum_{z'=1}^{T} n_{-di,(c_d x)z'}^{(CU)T} + T\alpha}$$

进一步，

$$p(w_{di} = w | z_{-di}, w_{-di}, z_{di} = z)$$

$$= \int_{\varphi_z} p(w_{di} = w | \varphi_z) p(\varphi_z | w_{-di}, z_{-di}) d\varphi_z$$

$$= \int_{\varphi_z} p(w_{di} = w | \varphi_z) p(w_{-di} | \varphi_z, z_{-di}) p(\varphi_z | \beta) d\varphi_z$$

$$= \int_{\varphi_z} \varphi_{zw} \cdot \prod_{w'=1}^{V} \varphi_{zw'}^{n_{-di,zw'}^{TW}} \cdot \frac{\Gamma(V\beta)}{\prod_{w'=1}^{V} \Gamma(\beta)} \prod_{w'=1}^{V} \varphi_{zw'}^{\beta-1} d\varphi_z$$

利用 Dirichlet 分布的性质，有：

$$p(w_{di} = w|z_{-di}, w_{-di}, z_{di} = z)$$

$$\propto \prod_{w' \neq w} \Gamma(n_{-di,zw'}^{TW} + \beta) \times \frac{\Gamma(n_{-di,zw}^{TW} + \beta + 1)}{\Gamma(\sum_{w'=1}^{V}(n_{-di,zw'}^{TW} + \beta) + 1)}$$

$$\propto \frac{(n_{-di,zw}^{TW} + \beta) \cdot \Gamma(n_{-di,zw}^{TW} + \beta)}{(\sum_{w'=1}^{V}(n_{-di,zw'}^{TW} + \beta)) \cdot \Gamma(\sum_{w'=1}^{V}(n_{-di,zw'}^{TW} + \beta))}$$

$$\propto \frac{n_{-di,zw}^{TW} + \beta}{\sum_{w'=1}^{V} n_{-di,zw'}^{TW} + V\beta}$$

综上，引理2得证。

具体来说，CUT模型的Gibbs抽样过程如下：

begin

//初始化

for each d in D do

    assign d to random community //将每一个讨论话题 d 随机分配给社区 c_d

end for

for each w_{di} in each d do

    assign w_{di} to random user, topic //将每一个 w_{di} 随机分配给用户 x_{di} 和主题 z_{di}

end for

//迭代

i=0

I=设定的迭代次数

While i<I do

    for each d in D do //获取当次迭代下每一个讨论话题 d 的社区分配

        get current assignment of d：c

        decrement assignment of d for c

        estimate $p(c_d = c|c_{-d}, a_{-d}, z_{-d}, x_{-d}, a_d, z_d, x_d, w)$ using formula

(5.8)

        sample c_d based on $p(c_d = c|c_{-d}, a_{-d}, z_{-d}, x_{-d}, a_d, z_d, x_d, w)$

        increment assignment counts for c_d

end for

for each w_{di} in each d do //获取当次迭代下每一个 w_{di} 的用户和主题分配

    get current assignment of w_{di}: x, z

    decrement assignment of w_{di} for x, z

    estimate p (x_{di}=x, z_{di}=z|c_d, a_d, c_{-d}, a_{-d}, x_{-di}, z_{-di}, w_{-di}, w_{di}=w)

    using formula   (5.9)

    sample x_{di}, z_{di} based on p(x_{di} = x, z_{di} = z|c_d, a_d, c_{-d}, a_{-d}, x_{-di}, z_{-di}, w_{-di}, w_{di} = w)

    increment assignment counts for x_{di}, z_{di}

end for

i=i+1

end while

end

重复上述Gibbs抽样过程直到收敛，此时，每一个隐变量c，x和z都被赋予了相应的值，从而可以估计出ψ，θ和φ：

$$\psi_{cu} = \frac{n_{cu}^{CU} + \gamma}{\sum_{u'=1}^{|N_a|} n_{cu'}^{CU} + N_a \times \gamma} \tag{5.10}$$

$$\theta_{cu,z} = \frac{n_{(cu)z}^{(CU)T} + \alpha}{\sum_{z'=1}^{T} n_{(cu)z'}^{(CU)T} + T\alpha} \tag{5.11}$$

$$\varphi_{zw} = \frac{n_{zw}^{TW} + \beta}{\sum_{w'=1}^{V} n_{zw'}^{TW} + V\beta} \tag{5.12}$$

在此基础上，还可以对如下4个方面做进一步的分析：（1）给定某一主题的条件下，每一个词汇出现的概率p（w|t）；（2）给定某一子社区的条件下，每一个主题出现的概率p（t|c）；（3）给定某一子社区的条件下，每一个用户出现的概率p（u|c）；（4）给定某一用户的条件下，每一个主题出现的概率p（t|u）。p（w|t），p（t|c），p（u|c）和p（t|u）的计算公式分别由式（5.13），（5.14），（5.15）和（5.16）给出。

$$p(w|t) = \frac{n_{tw}^{WT} + \beta}{\sum\limits_{w'} n_{tw'}^{WT} + W\beta} \tag{5.13}$$

$$p(t|c) = \sum\limits_{u} p(t|c,u) = \sum\limits_{u} \frac{n_{(cu)t}^{CUT} + \alpha}{\sum\limits_{t'} n_{(cu)t'}^{CUT} + T\alpha} \tag{5.14}$$

$$p(u|c) = \frac{n_{cu}^{CU} + \gamma}{\sum\limits_{u'} n_{cu'}^{CU} + U\gamma} \tag{5.15}$$

$$p(t|u) = \sum\limits_{c} p(t|c,u) = \sum\limits_{c} \frac{n_{(cu)t}^{CUT} + \alpha}{\sum\limits_{t'} n_{(cu)t'}^{CUT} + T\alpha} \tag{5.16}$$

5.3 用户建模

在 CUT 模型的基础上，本章为企业社交媒体平台上的用户构建了用户的专业知识模型和社会模型。

用户的专业知识模型记录了用户的专业领域和每一个领域对应的知识水平。本章将用户 u 的专业知识模型表示为一个由<专业领域，知识水平>的二元组组成的向量。具体的表示形式为：

$$eprofile(u) = \{\ < t_1, score(u, t_1) >,\ < t_2, score(u, t_2) >, \cdots, < t_T, score(u, t_T) >\ \} \tag{5.17}$$

其中，t_1，t_2，$\cdots$，t_T 表示由 CUT 模型得到的 T 个主题领域，$score(u, t_i)$ 表示用户 u 在主题 t_i 上的知识水平。在本章中，$score(u, t_i) = p(t_i|u)$，即用户 u 在主题 t_i 上的知识水平为给定用户 u 的条件下，主题 t_i 出现的概率。

本章所构建的用户的专业知识模型可以有效和充分地描述用户的多兴趣。进一步地，本章使用每一个用户的主题概率分布的熵（Entropy）来评估一个用户的专业知识的广度，即一个用户的兴趣是只专注于一个主题还是覆盖了多个主题领域。熵的计算公式如下：

$$entropy = -\sum\limits_{i=1}^{T} p(t_i|u) \cdot \log_2 p(t_i|u) \tag{5.18}$$

熵越大表示用户的兴趣越广泛，熵小则表示用户可能更专注于少数的主题。

用户的社会模型可被理解为是一个协作网络。在本章中，用户参与到不同的子社区中，而每一个子社区都是由有着共同兴趣的用户组成的协作网络，因此，用户的社会模型可以表示为由<子社区，用户在子社区的参与程度>的二元组组成的向量，具体表示形式为：

$$sprofile = \{ < c_1,p(u|c_1) > , < c_2,p(u|c_2) > ,\cdots, < c_C,p(u|c_C) > \} \tag{5.19}$$

其中，c_i表示子社区i，$p(u|c_i)$表示用户u在子社区i的参与程度。

5.4　CUT模型的验证

5.4.1　实验数据

本章采用NIPS数据集（http：//www.cs.toronto.edu/~roweis/data.html）来验证所提出的CUT模型。NIPS数据集包含了国际神经信息处理系统年会（Annual Conference on Neural Information Processing Systems）从1987年到1999年的1 740篇会议论文，共有2 037个作者和13 649个词汇。该数据集是在验证LDA和其扩展模型时最常使用的数据集。NIPS数据集与用户在企业社交媒体平台中的讨论话题有着共同点：首先，NIPS数据集中的每一篇论文都有一个或多个作者，而企业社交媒体上的讨论话题也是有一个或多个参与者的；其次，每一篇论文都反映了论文作者的研究兴趣，而讨论话题的参与者之所以参与讨论也是因为他们对这一讨论话题有兴趣；最后，论文的作者之间和讨论话题的参与者之间都存在合作关系。因此，在本章中，使用NIPS数据集来代替企业社交媒体中的真实数据，将NIPS数据集中的每一篇论文看作是一个讨论话题，每一篇论文的作者看作是讨论话题的参与者。

5.4.2　实验结果

对于NIPS数据集，本章给定子社区数M=10，主题数T=50，超参数α=T/50，β=0.01，γ=0.1，迭代次数N=2 000，采用Gibbs抽样算法估计模型参数，并依次对p（w|t），p（t|c），p（u|c）和p（t|u）进行了分析。

表5-1列出了CUT模型所发现的一些主题，并给出了每一个主题出现的概率以及在该主题下，出现概率最高的前10个词汇。所列出的主

题均选择了 NIPS 会议中比较有代表性的研究主题，包括增强学习（Reinforcement Learning）、语音识别（Speech Recognition）、神经网络（Neural Network）、图像识别（Image Recognition）、支持向量机（SVM & Kernal Methods）和贝叶斯学习（Bayesian Learing）。从表 5-1 中可以看出，在每一个主题下出现概率最高的这些词汇均能够很好地表示该主题的内容。

表5-1 　　　　　　　　　　　NIPS数据集中的主题

Topic_17	0.02542	Topic_18	0.01946	Topic_26	0.02546
state	0.05455	speech	0.05794	network	0.26547
action	0.02473	recognition	0.03848	neural	0.17996
reinforcement	0.02373	word	0.03054	networks	0.16172
policy	0.02284	system	0.02346	work	0.01087
optimal	0.01906	hmm	0.01761	artificial	0.00917
time	0.01774	context	0.01565	vol	0.00915
states	0.01532	training	0.01471	shown	0.00806
actions	0.01515	speaker	0.01458	net	0.00798
function	0.01439	words	0.01238	paper	0.00761
control	0.01024	mlp	0.01102	feedforward	0.00572
Topic_36	0.02339	Topic_43	0.01841	Topic_48	0.03116
image	0.07260	function	0.05974	gaussian	0.02519
images	0.04892	functions	0.05529	mixture	0.02439
object	0.03781	basis	0.03880	likelihood	0.02430
objects	0.02275	kernel	0.02624	bayesian	0.02087
features	0.02027	support	0.02089	parameters	0.01970
recognition	0.01878	rbf	0.01584	em	0.01853
feature	0.01643	space	0.01464	prior	0.01770
face	0.01582	radial	0.01280	distribution	0.01745
vision	0.01375	approximation	0.01273	log	0.01700
pixel	0.01343	set	0.01252	posterior	0.01655

进一步地，本章对每一个子社区中出现概率最高的前10个主题（Top 10主题）进行了分析。Topic_13和Topic_15出现在了所有子社区的Top 10主题列表中，并且这两个主题几乎是在所有子社区中都占主导地位的主题。从对Topic_13和Topic_15的进一步分析中可以看出，Topic_13是与论文的引言和结论部分相关的背景主题，在Topic_13中出现概率高的词汇包括work，fact，provide，result和research等；Topic_15是与论文的实验部分相关的主题，在Topic_15中出现概率高的词汇包括training，set，performance，test，results，table和experiment等，这也就解释了为什么这两个主题会在所有子社区中都出现。此外，Topic_30出现在除子社区3之外的所有子社区的Top 10主题列表中，Topic_41出现在除子社区4之外的所有子社区的Top 10主题列表中，Topic_11出现在除子社区2和7之外的所有子社区的Top 10主题列表中，以上这3个主题的Top 10词汇列表中都包含有一些在神经信息处理领域的论文写作中要用到的词汇，如function，equation，input，theorem和case等。

图5-4和图5-5分别给出了子社区3和子社区9中主题的概率分布的图形表示。比较图5-4和图5-5可以发现，两个子社区中主题的概率分布很相似，这是因为有以上提到的在几乎所有子社区中都占主导地位的主题的存在。但是每一个子社区中仍存在一些与其他子社区相区别且出现概率很高的主题，只是这些主题对子社区的作用因为子社区间共有的占主导地位的主题的存在而减弱了。例如，在子社区3中，除了所有子社区共有的占主导地位的主题外，Topic_17、Topic_12、Topic_42、Topic_36和Topic_48出现的概率也很高，这5个主题都是与机器学习相关的，因而组成子社区3的用户可能是对机器学习这一领域感兴趣的用户。Topic_18在子社区9中出现的概率很高，这一主题是与语音识别相关的，因而子社区9可能是对语音识别领域感兴趣的用户所形成的社区。

除了对每一个子社区中主题的概率分布进行分析之外，还应对每一个子社区中用户的参与程度进行分析。本章通过计算得到了每一个子社区中参与程度最高的前10个作者。与子社区中主题的概率分布类

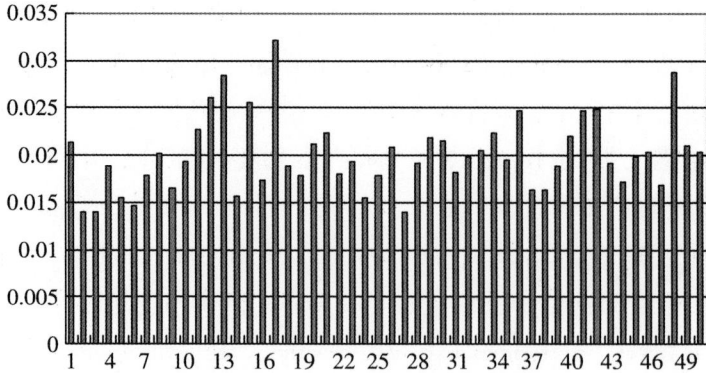

图5-4 子社区3的主题概率分布图

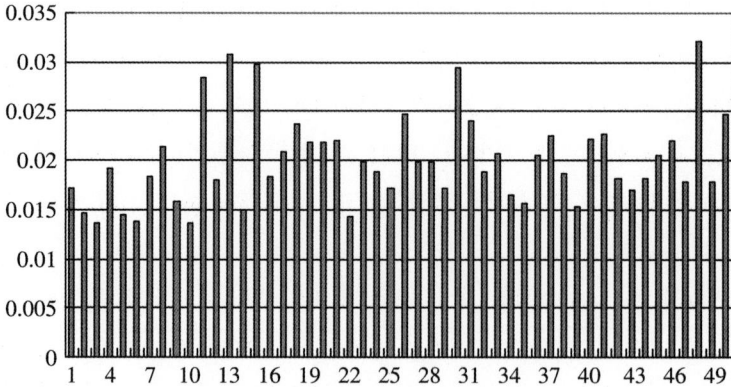

图5-5 子社区9的主题概率分布图

似，有一些作者在所有或几乎所有子社区中的参与程度都很高，比如Jordan_M，Sejnowski_T，Hinton_G和Koch_C。其中，Jordan_M和Sejnowski_T都是NIPS会议的委员会成员，在机器学习和计算神经学领域享有很高的声望，其他的一些作者或者曾是他们的学生，或者曾与他们合作过，因而他们与许多作者的联系都很紧密。Hinton_G是机器学习领域的专家，Williams_C和Zemel_R等作者均是他现在或曾经的同事，一起发表过许多论文。作者Koch_C与Hinton_G的情况相类似。从以上的分析可以看出，因为这些作者与其他许多作者的联系都较紧密，他们以及他们的合作者所涉及的主题领域较多，因而使得这4个作者在许多子社区中的参与程度都较高。但是与仅考虑用户之间关系的社区发现算法不同，本章提出的社区发现算法所提取出的子社区并不仅仅是把联系紧密的用户聚在了一起，而是还考虑到了子社区的用户所共同关注的主题。以子社区9为例，表5-2列出了子社区9中参与程度最高的前10个作者。除了作者 Hinton_G，Koch_C 和 Jordan_M 以及与他们有合作关系的作者 Bengio_Y，Mozer_M 和 Moody_J 外，本章对其他4个作者的个人主页和发表的论文进行了分析，发现这4个作者的研究领域都是与神经科学这一领域相关的。特别的是，De-Mori_R 和 Lewicki_M 的研究都是关于语音识别这一领域的，而在前面对子社区9中的主题的分析中，本章已经得出子社区9可能是对语音识别感兴趣的用户所形成的社区。基于此，可以看出本章提出的社区发现算法把一些具有相似兴趣的用户聚集在了一起，共同构成了一个隐性的子社区。

表5-2　　　　　子社区9中参与程度最高的前10个作者

作者	出现的概率
Hinton_G	0.00722
Koch_C	0.00722
Moody_J	0.00722
Jordan_M	0.00546
Barto_A	0.00370
Bengio_Y	0.00370
De-Mori_R	0.00370
Lewicki_M	0.00370
Mathur_B	0.00370
Mozer_M	0.00370

本章又进一步地对每一个作者的专业知识模型进行了分析。图5-6和图5-7给出了作者 De-Mori_R 和 Jordan_M 的主题概率分布图。从图5-6中可以看出，Topic_18是在作者 De-Mori_R 的专业知识模型中占主导地位的主题，其出现的概率要远远高于其他主题出现的概率。根据前面的分析结果，Topic_18是有关语音识别的，而作者 De-Mori_R 的主要研究兴趣也是语音识别。作者 Jordan_M 的研究兴趣比较广泛，涉及贝

叶斯理论、统计推断、机器学习和人机控制等多个领域。与 De-Mori_R 相比，其各主题的概率分布相对而言更为平均，其中，出现概率最高的主题是 Topic_48，它是与贝叶斯学习和推断相关的主题。在其他出现概率排在前 10 位的主题中，Topic_17，Topic_20，Topic_21 和 Topic_46 都是与机器学习相关的，而 Topic_34 和 Topic_37 是与人机控制相关的。这些主题都是与 Jordan_M 的研究兴趣相对应的。

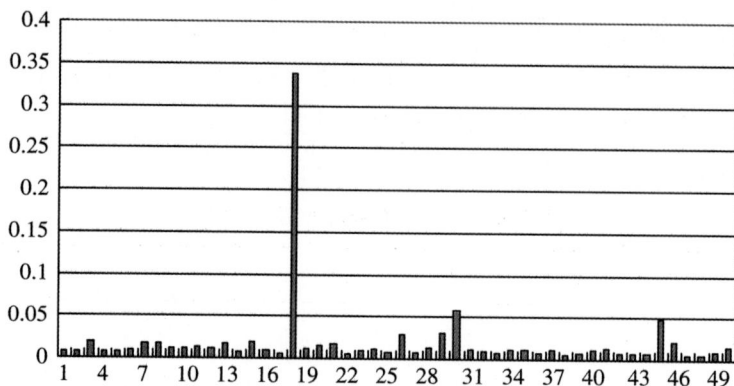

图5-6　作者 De-Mori_R 的主题概率分布图

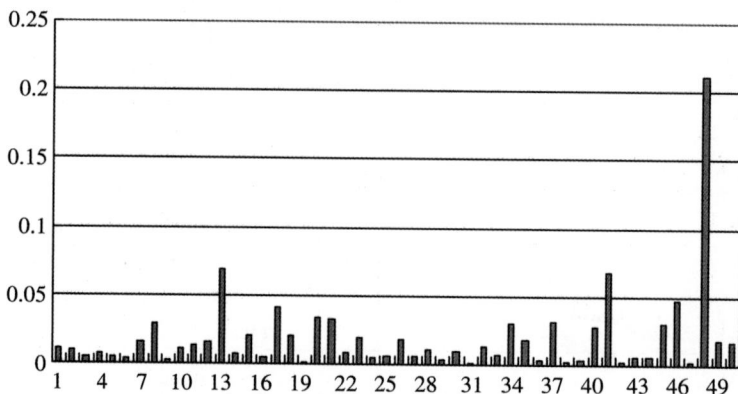

图5-7　作者 Jordan_M 的主题概率分布图

进一步地，本章使用公式（5.18）计算了作者 De-Mori_R 和 Jordan_M 的主题概率分布的信息熵，结果分别为 4.4574 和 4.7272。熵越大，用户的兴趣越广泛，因而从这个结果中也可以看出，Jordan_M 的研究兴趣要比 De-Mori_R 更为广泛。

从以上关于 NIPS 数据集的实验可以看出，本章所提出的社区发现算法所提取的子社区和主题都是有效的。与传统的基于关系的社区发现算法相比，CUT模型考虑了语义信息，使得所提取出的子社区是由那些具有相似兴趣的用户组成的。

在分析了CUT模型在提取子社区和主题上的有效性后，本章进一步对所提取出的子社区的结构进行了分析。图5-8和图5-9分别给出了子社区3和子社区9的可视化表示，由于节点数目众多，本章只截取了整个社会网络图的一部分。

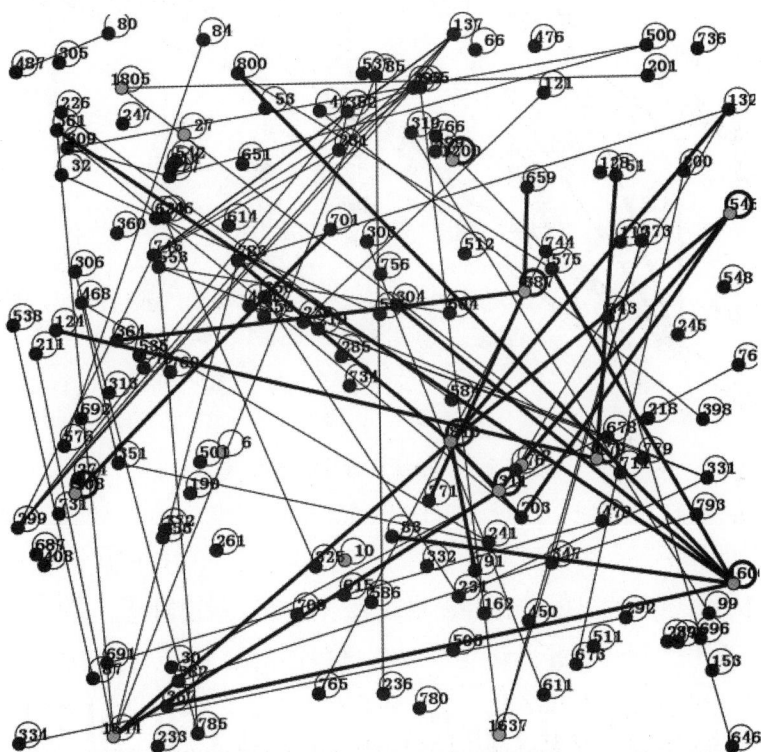

图5-8 子社区3的可视化展示

在图5-8和图5-9中，用灰色标识出来的节点表示在相应的子社区中参与程度最高的前15个用户。用网络标识出来的节点分别是这2个子社区中点度中心性最大的节点。根据点度中心性的定义，这2个节点是在相应的网络中与其他节点之间存在直接连接最多的节点，是网络的中心节点。进一步分析发现，被用绿色标识出来的编号为810和编号为703的节点分别代表作者Jordon_M和Hinton_G，这2个作者的研究兴趣

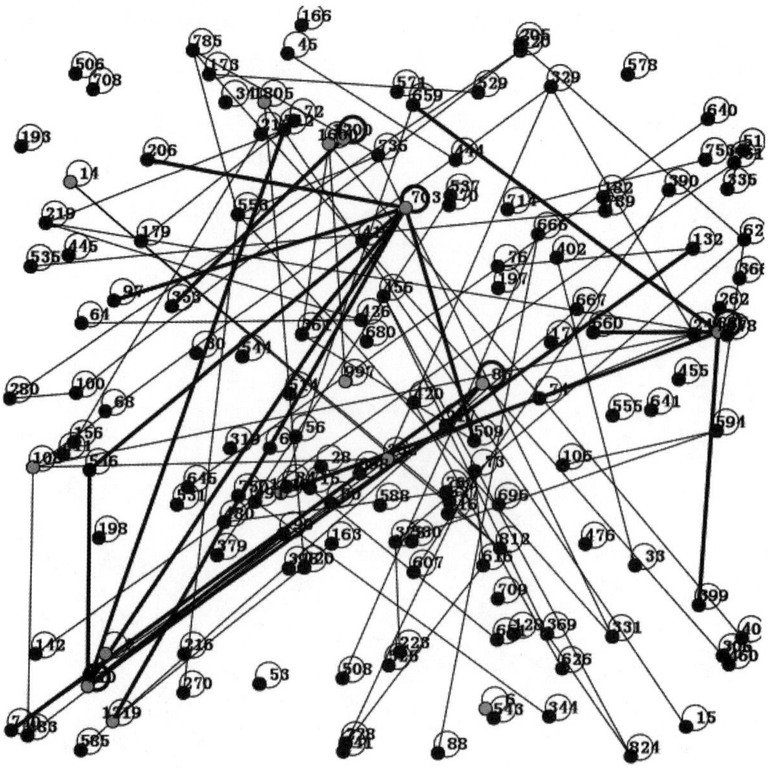

图 5-9   子社区 9 的可视化展示

广泛，且与许多其他作者存在合作关系，所以点度中心性大。分别以这
2 个节点为中心，在相应的子社区中找出与这 2 个节点的距离最大为 2
的所有节点组成的子网络，并以粗线表示出来。通过对这一子网络的分
析可以看出，每一个子社区中参与程度最高的前 15 个用户中的大多数
都被包含在了这个子网络里，而子网络中的节点基本都位于网络的中心
位置，这也就说明了使用本章提出的 CUT 模型所发现的每个子社区中
参与程度高的用户的确是这些子社区中的活跃用户。

5.5   本章小结

本章扩展了 LDA 模型，提出了一个社区–用户–主题（CUT）模
型，并给出了该模型的统计推断算法。CUT 模型在 LDA 的基础上加入
了一个社区变量，实现了结合用户间关系和用户讨论内容的子社区发

现。在 CUT 模型的基础上，本章构建了用户的专业知识模型和社会模型。实验结果表明，CUT 模型所提取的子社区和主题都是有效的，该算法不仅提取出了子社区的结构，还得到了以主题表示的子社区用户的共同兴趣。

第6章 企业社交媒体平台上的专家发现与协作者推荐

　　企业中知识共享的两个主要障碍是难以找到相关的知识和难以找到相关的协作者。本书的第3章和第4章分别从知识地图构建和热点主题识别两个方面为企业社交媒体用户找到相关的知识提供了技术上的支持。在企业中，除了能够被编码和存储的显性知识外，更为宝贵的知识资源是存储在员工头脑中的隐性知识，而这些隐性知识的共享只有通过员工间的协作才能够实现。虽然企业社交媒体被认为能够促进员工间跨部门、跨组织层级的协作，促进隐性知识的共享，但一些学者的研究表明在企业社交媒体平台上，员工仍然倾向于选择和他有工作关系的其他员工进行协作（Behrendt等，2015；Riemer等，2011）。因此，为了更好地促进知识的共享，企业社交媒体平台应能够提供一种机制，主动帮用户推荐相关的协作者并在他们之间构建起协作交流的桥梁。这里所说的找到协作者包括两层含义：一是当用户提出明确的知识需求时，应能够快速地帮助用户找到掌握他们所需知识的人，也就是专家；二是应能够主动向平台用户推荐与他们兴趣相似的、可以进一步沟通和交流的潜在协作者。本章将在第 5 章研究的基础上，对企业社交媒体平台上找到相关协作者的专家发现算法和协作者推荐算法进行研究。

　　本章的内容安排如下：6.1 节对已有的专家发现算法进行了综述；6.2 节和 6.3 节分别详细介绍了专家发现算法和协作者推荐算法；6.4 节对所提出的两个算法进行了验证；6.5 节对本章内容进行了总结。

6.1　专家发现算法研究综述

　　隐性知识是存储在人的头脑中的，无法显式地编码，隐性知识的共享一直是知识共享的一大难题，因而可以找到某一领域专家的专家发现算法就成为了许多学者研究的热点。对专家发现算法的研究最初都是应用在企业的知识管理系统中的。2005 年文本检索会议（TREC）将专家发现作为企业文本提取任务的一项子任务，并为研究者提供了一个测试和评价他们所提出的专家发现方法的公用平台（Craswell 等，2006；So-boroff 等，2007），在这之后专家发现得到了越来越多研究者的关注，各方学者也都纷纷提出了自己的模型。

6.1.1　基于经典的信息检索模型

　　Craswell 等（2001）借用经典的信息检索模型来解决专家推荐的问题。他们的研究将每个专家的相关信息简单地合并为一个大的虚拟文件（Virtual Document）。这样专家推荐问题就变成了一个传统的信息检索问题。用户提出查询请求，系统对所有这些虚拟文件进行检索，按照经典的信息检索模型排序，给出虚拟文件的编号，这些编号对应到每个专家。

　　这种方法的优点是实施简单，而且可以方便地使用信息检索领域取得的研究成果。但是，这种方法的缺点也很明显，和其他模型的推荐结果比较，推荐的准确度不高。

6.1.2　基于语言学的概率模型

　　利用语言学的知识建立的概率模型是专家推荐系统中使用的一种主

流方法，下面选择Balog等（2006；2009），Fang和Zhai（2007）这两个比较有代表性的模型加以介绍。

Balog的模型将专家推荐问题用概率论的方法描述为：当给定一个查询请求（q）的时候，候选者（ca）是这个问题的专家的概率是多少？

利用贝叶斯公式，可以形式化地表示为：

$$p(ca|q) = \frac{p(q|ca) \cdot p(ca)}{p(q)} \tag{6.1}$$

因为 p（q）和 p（ca）是先验概率，不影响后面对专家的排序，所以，对候选者排序的问题就变成了对 p（q|ca）排序的问题。Balog为了解决这个问题，提出了两个不同的模型——候选专家模型和文档模型。候选专家模型是以候选者为中心，首先建立用户的专业知识模型，然后再根据具体的查询请求，计算查询与用户专业知识的相关度并据此对专家进行排序。文档模型是以文档为中心，首先找到与查询相关的文档，然后再根据文档找到相应的专家。这两个模型各有优缺点。第一个模型更好地表达了专家的知识，而第二个模型则用了最新的信息去寻找专家。Balog的实验表明，文档模型的专家推荐效果要优于候选专家模型，但候选专家模型的计算复杂度要低。Serdyukov和Hiemstra（2008）以Balog的候选专家模型为重点，将两种模型结合进行专家推荐。

Fang的模型采用了另外一种思路。首先，Fang对专家推荐问题进行了如下描述：

$$p(R = 1|c,t) \underset{rank}{=} \frac{p(R = 1|c,t)}{p(R = 0|c,t)} \underset{rank}{=} \frac{p(c,t|R = 1)}{p(c,t|R = 0)} \tag{6.2}$$

在这个等式中，c是候选者（Candidate），t是主题（Topic），R表示相关。从这个等式出发，他给出了 Candidate Generation 模型和 Topic Generation 模型。

对于 Candidate Generation 模型，Fang是这样解释的：

$$\frac{p(c,t|R = 1)}{p(c,t|R = 0)} = \frac{p(c|t,R = 1) \cdot p(t|R = 1)}{p(c|t,R = 0) \cdot p(t|R = 0)} \tag{6.3}$$

由此可以推导出：

$$p(R = 1|c,t) \underset{rank}{=} \sum_{d \in S} p(c|d,R = 1) \cdot p(t|d,R = 1) \tag{6.4}$$

其中，S表示文档集。

对于Topic Generation模型，Fang是这样解释的：

$$\frac{p(c,t|R = 1)}{p(c,t|R = 0)} = \frac{p(t|c,R = 1) \cdot p(c|R = 1)}{p(t|c,R = 0) \cdot p(c|R = 0)} \tag{6.5}$$

由此可以推导出：

$$p(R = 1|c,t) \underset{rank}{=} \frac{1}{\sum_{d' \in S} p(c|d',R = 1)} \sum_{d \in S} p(t|d,R = 1) \cdot p(c|d,R = 1) \tag{6.6}$$

公式（6.6）与公式（6.4）的区别是多了一个标准化因子 $\frac{1}{\sum_{d' \in S} p(c|d', R = 1)}$，以惩罚那些Popular Candidate。

为了提高推荐的效果，Fang还采取了3种手段来提高概率模型中变量估计的准确度。这3种手段是：①针对候选者提出一种混合的加权策略；②利用主题来进行扩展查询；③充分利用电子邮件信息来判定是否是专家。从Fang给出的实验结果来看，两种方法都取得了很好的结果，而且其采用的提高估计值准确度的3种手段也发挥了作用。

6.1.3 投票模型

Macdonald和Ounis（2006）把专家推荐问题看作一个投票过程，对候选者的评价归结为最后对"票数"的统计。这种方法不直接对候选者评价排序，而是先根据用户的查询请求给出搜索到的文件列表和相应的相关度，然后用搜索到的文件对候选者进行"投票"。在对票数进行统计的时候，这个模型采用了数据融合（Data Fusion）的方法。从模型的实验结果来看，也取得了不错的效果。同时，通过实验，他们也例证了下面一些观点：①文档质量对专家的推荐很重要，提前对每篇文档进行评价，可以优化推荐结果；②利用领域相关的知识有助于任务的解决；③采用的数据融合手段是稳定的；④与其他方法的不同之处在于，其在统计"票数"的时候，不仅考虑了相关度，还考虑了顺序因素。

6.1.4 基于复杂网络理论的专家发现

Macdonald（2003）指出，组织的结构和用户的社交信息可以用来进行专家的推荐。但是他当时也只能在理论上做一些简单的分析，缺乏实证作为研究的基础。中国科学院的 Chen Haiqiang 在 2006 年利用 W3C 邮件列表，分析了这个组织中的复杂网络，利用复杂网络的相关手段，对专家推荐机制进行了尝试（Chen 等，2006）。这种方法虽然没有取得好的实验结果，但是这种方法本身就是一次有意义的尝试，为以后的研究提供了参考。

6.2 专家发现算法

专家发现要解决的是如何找到掌握恰当知识或技能的人，即要找到谁是主题 X 方面的专家。Balog（2009）将专家发现问题形式化为：当给定一个查询请求（q）的时候，候选者（ca）是这个问题的专家的概率是多少？通常情况下，人们更容易从熟悉的人那里获得帮助。知识共享也更容易在熟悉的人之间进行。因而，如果能找到既掌握与用户请求相对应的知识，又与用户关系密切的专家，那么就更容易在请求者与专家之间构建协作关系，用户的查询请求也就更容易得到满足。

本章将利用企业社交媒体平台中蕴含的用户间关系的信息，构建一个三层的网络图来找到用户所需的专家并帮助他们构建一个协作网络，这个三层的网络图如图 6-1 所示。图 6-1 的第一层是知识网络，包含了所有掌握与用户的查询请求相对应的知识的专家，请求用户与专家之间连线的权重表示查询请求与专家之间的知识关联度。图 6-1 的第二层是社会网络，给出了第一层中所有专家与请求用户之间的社会关联度。图 6-1 的第三层根据专家的知识关联度和社会关联度，在请求用户和专家之间构建了一个协作网络，并为他们之间的协作提供即时通信工具的支持。下面，将分别介绍知识关联度和社会关联度的计算以及协作网络的构建。

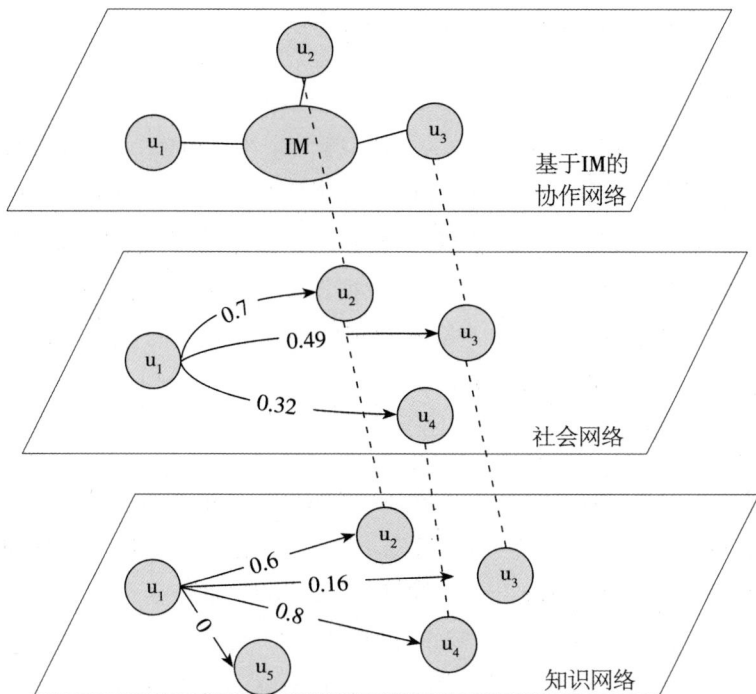

图6-1　专家发现的三层网络图

6.2.1　知识关联度的计算

利用贝叶斯公式，Balog将专家发现问题表示为：

$$p(ca|q) = \frac{p(q|ca) \cdot p(ca)}{p(q)} \tag{6.7}$$

其中，p（ca）表示候选专家ca出现的概率，p（q）表示查询请求q的概率，由于在给定q的情况下，该概率值为常数，所以公式（6.7）可以进一步写成：

$$p(ca|q) \propto p(q|ca) \cdot p(ca) \tag{6.8}$$

因此，专家发现问题就变为估计候选专家ca的先验概率p（ca）和估计给定候选专家ca，查询请求q出现的概率p（q|ca）。

Balog在他的研究中将p（ca）假定为是均一的，但Fang和Zhai（2007）以及Petkova和Croft（2007）的研究均表明：给定ca的先验概率分布可以改善专家发现的结果。因此，本章采用了Fang和Zhai

（2007）的研究中所使用的候选专家ca的先验概率分布，即：

$$p(ca) = \frac{n(ca,D)}{2 \times n(ca,D) + \eta} \qquad (6.9)$$

其中，n（ca，D）表示候选专家ca在整个文档集D中出现的次数，在本章中，整个文档集D就是所有讨论话题的集合，η 为控制先验概率偏度的参数，可以被理解为与我们对先验分布的信念（Belief）成反比例。

本章使用上一章构建的用户的专业知识模型来估计p（q|ca）。

假定查询请求q中每一个词汇出现的概率是独立同分布的，则给定候选专家ca，q出现的概率为：

$$p(q|ca) = \prod_{w \in q} p(w|ca)^{n(w,q)} \qquad (6.10)$$

其中，n（w，q）表示词汇w在查询请求q中出现的次数。

Balog在估计p（w|ca）时，假定文档与候选专家是条件独立的，但这一假设过强，在大多数条件下都是不成立的。本章使用用户的专业知识模型来估计p（w|ca），克服了文档与候选专家是条件独立的这一约束。本章以主题作为连接词汇与候选专家的桥梁，根据公式（5.11）和（5.14），可以分别计算出p（w|t）和p（t|ca），则根据公式（6.11）可以计算出：

$$p(w|ca) = \sum_{t=1}^{T} p(w|t)p(t|ca) \qquad (6.11)$$

综上，有：

$$p(q|ca) = \prod_{w \in q} \left(\sum_{t=1}^{T} p(w|t)p(t|ca) \right)^{n(w,q)} \qquad (6.12)$$

则：

$$p(ca|q) \propto \frac{n(ca,D)}{2 \times n(ca,D) + \eta} \times \prod_{w \in q} \left(\sum_{t=1}^{T} p(w|t)p(t|ca) \right)^{n(w,q)} \qquad (6.13)$$

p（ca|q）表示候选专家ca与请求用户之间的知识关联度。

6.2.2　社会关联度的计算

如第5章所述，企业社交媒体平台上用户和用户之间的关系可表示成社群图的形式，图中的节点表示用户，节点之间的连线表示用户之间通过参与讨论所形成的关系。本章将用户和用户间的合作关系表示为有

向图<V，E>，其中，V= {u₁，u₂，…，uₙ} 为企业社交媒体平台上所有用户的集合，E= { (uᵢ，uⱼ) |uᵢ，uⱼ∈V，uᵢ≠uⱼ，且uᵢ与uⱼ共同参与了至少一个讨论话题的讨论}。

本章假定用户间关系的权重是非对称的，设 wt_{ij} 表示用户i到用户j的关系的权重，则有：

$$wt_{ij} = \frac{\left| D_i \cap D_j \right|}{\left| D_i \right|} \tag{6.14}$$

其中，$|D_i|$和$|D_j|$分别表示用户i和用户j参与的讨论的数量，$|D_i \cap D_j|$表示用户i和用户j共同参与的讨论的数量。根据公式（6.14），当用户i与包含用户j在内的许多用户都存在合作关系时，权重wt_{ij}相对较小；而当用户i与用户j的合作占到用户i参与讨论活动的很大部分时，权重wt_{ij}相对较大。

给定有向图<V，E>，可以通过两个用户间的途径（Path）来计算出社区中任意两个用户联系的紧密度closeness（i，j）。下面以用户间长度为2的途径为例来说明紧密度closeness（i，j）的计算。

设 S_{ij}^2 表示从用户i到用户j所有长度为2的途径组成的集合，则有：

$$
closeness(i, j) =
\begin{cases}
\max \left\{ wt_{ij}, \max\limits_{u_i \to u_k \to u_i \in S_{ij}^2} \left\{ wt_{ik} \times wt_{kj} \right\} \right\}, & \text{如果存在边} (u_i,u_j) \text{且} S_{ij}^2 \neq \Phi \\
\max\limits_{u_i \to u_k \to u_i \in S_{ij}^2} \left\{ wt_{ik} \times wt_{kj} \right\}, & \text{如果不存在边} (u_i,u_j) \text{且} S_{ij}^2 \neq \Phi \\
wt_{ij}, & \text{如果存在边} (u_i,u_j) \text{且} S_{ij}^2 = \Phi \\
0, & \text{其他}
\end{cases}
\tag{6.15}
$$

以此类推，可计算任意途径长度下两个用户间的紧密度，也可以将所有从用户i到用户j的途径的传递紧密度的最大值作为两个用户间的紧密度，若用户i和用户j不连通，则closeness（i，j）=0。

如图6-2所示，以用户u₁和用户u₄之间所有长度不超过2的途径计算得到的用户u₁和用户u₄间的紧密度为：

$$closeness(u_1,u_4) = \max (s_{14}, \max (s_{13} \times s_{34})) = \max (0, 0.4 \times 0.8) = 0.32$$

以用户u₁和用户u₄之间所有途径计算得到的用户u₁和用户u₄间的紧密度为：

$$closeness(u_1, u_4) = max(s_{14}, max(s_{13} \times s_{34}, s_{12} \times s_{23} \times s_{34}))$$
$$= max(0, 0.32, 0.7 \times 0.7 \times 0.8) = 0.392$$

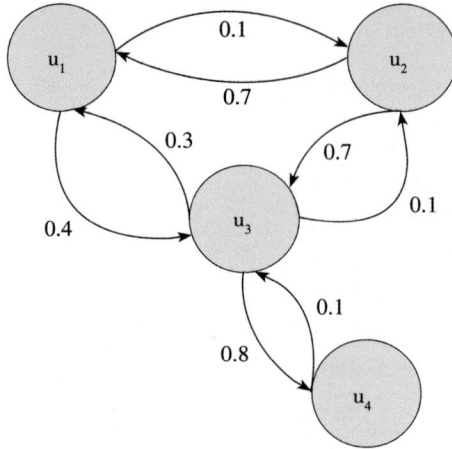

图6-2 一个由4个用户组成的有向图的示例

本算法将两个用户间联系的紧密度作为两个用户之间的社会关联度。

6.2.3 协作网络的构建

下面举例说明协作网络的构建。假设当用户u_1发出一个有关机器学习的查询请求后，依据6.2.1节中的方法计算企业社交媒体平台上的其他用户与请求用户间的知识关联度，动态构建如图6-1中所示第一层的知识网络。在知识网络中，用户u_1和用户u_4之间的连接边的权重为0.8，这表明用户u_4与用户u_1之间的知识关联度为0.8，且与其他用户相比，用户u_4的知识与用户u_1的查询请求最匹配。用户u_1和用户u_5之间的连接边的权重为0，这表明用户u_5的知识与用户u_1的查询请求不匹配。将知识网络中与用户u_1的查询请求不匹配的用户去掉，将剩余的用户映射到第二层社会网络中，并依据6.2.2节分别计算用户u_1与社会网络中其他用户的社会关联度。在计算完社会关联度之后，可以根据一个预先设定的阈值，过滤掉那些与用户u_1的社会关联度低于阈值的用户，并在用户u_1与保留下来的用户之间利用即时通信工具构建一个协作网络，方便他们之间的交流。例如，假定过滤阈值为0.4，则在图6-1中，尽管用户

u₄的知识是与用户 u₁的查询请求最匹配的，但因为他与用户 u₁的社会关联度低于阈值，所以 u₄不会出现在第三层的协作网络中。这种方式使得有知识需求的用户仅与那些与他们关系密切的专家交流，保证用户的需求可以最大限度地得到满足。

6.3 协作者推荐算法

在企业社交媒体平台上，两个用户的兴趣越相似，这两个用户也就越可能是彼此的协作者。因此，本章将利用上一章用户专业知识建模的研究成果来发现一个用户的潜在协作者并将协作者推荐给用户。

对于任意一个用户 u，可以由公式（5.17）构建该用户的专业知识模型。在用户的专业知识模型的基础上，可以计算两个用户间的相似度。将用户 u_1和用户 u_2之间的距离表示为两个用户各自对主题的概率分布之间的对称 KL 散度（Symmetric KL Divergence），用公式（6.16）表示如下：

$$sKL(u_1,u_2) = \sum_{t=1}^{T}\left[p(t|u_1) \cdot \log \frac{p(t|u_1)}{p(t|u_2)} + p(t|u_2) \cdot \log \frac{p(t|u_2)}{p(t|u_1)} \right] \tag{6.16}$$

KL 散度是度量两个概率分布的差异的指标。对称 KL 散度越小，说明两个用户之间的距离越小，也就是两个用户间的相似度越大，即两个用户的兴趣越相似。根据对称 KL 散度对用户按从小到大的顺序排列，将排在前面的前 N 个用户作为协作者推荐给目标用户。

6.4 实验

6.4.1 实验数据与评价指标

因为本章提出的专家发现算法和协作者推荐算法都是建立在第 5 章研究的基础上的，所以本章仍采用第 5 章中使用的 NIPS 数据集来验证本章提出的算法。NIPS 数据集的具体描述请参见 5.5.1 节。本章分析了NIPS 数据集中 2 037 个作者发表的论文和/或个人主页，然后手工标识出每个作者擅长的关键字，用以表明该作者的专业领域。

为了验证本章提出的专家发现算法，本章参照 NIPS 会议的主题，人工给出了 10 个查询请求，见表 6-1。然后采用 TREC 专家发现任务中常使用的两个指标——平均排序倒数（Mean Reciprocal Rank，MRR）和 p@10 来进行评价。

表6-1   给定的10个查询请求

Query 1	Machine Learning
Query 2	Support Vector Machine
Query 3	Speech Recognition，Signal Processing
Query 4	Image Recognition，Processing，Coding
Query 5	Neuron，Neural Network
Query 6	Bayesian Inference
Query 7	Motor Control
Query 8	Cognitive，Memory，Reasoning，Perception
Query 9	Analog/Digital VLSI
Query 10	Robot

MRR 的计算公式如公式（6.17）所示：

$$MRR = \frac{1}{|Q|} \cdot \sum_{j=1}^{Q} \frac{1}{Rank_j} \qquad (6.17)$$

其中，Q 表示所有查询请求的集合，$Rank_j$ 表示与查询 j 相关的专家在返回结果集中第一次出现的位置，若正确的答案没有出现在结果集中，则 $\frac{1}{Rank_j} = 0$。

p@10 计算排名最高的前 10 个返回结果中相关专家占的比率。在本章中，p@10 的最终值取所有 10 个查询请求的 p@10 值的平均值。

6.4.2 实验结果

本章提出的专家发现算法是综合专家的知识关联度和社会关联度作

出推荐,对该算法的评价只能通过用户的主观评价,而因为用户主观评价的获取比较困难,所以本章只对专家发现算法的前半部分,即专家知识关联度的计算进行评价。在本章提出的专家发现算法中有一个控制 p(ca) 的先验概率偏度的参数 η,所以本章先对 η 的敏感性进行了分析。η 分别取 1 到 10 的整数,相对应的 p@10 的值的变化如图 6-3 所示。

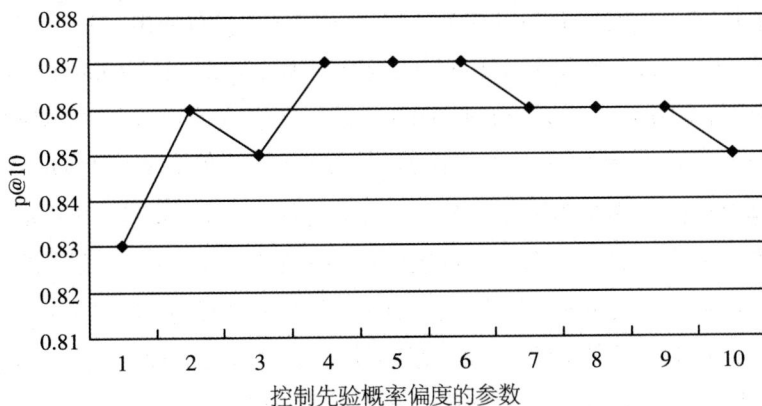

图6-3 p@10随参数 η 的变化

从图 6-3 中可以看出,当 $\eta=1$ 时,p@10=0.83,为所有取值中的最小值,随着 η 的增大,p@10 的值先增大后减小,当 η 取 4,5,6 时,p@10 的值最大,为 0.87。

当 $\eta=1$ 时,MRR=0.95,为所有取值中的最小值。当 $\eta>1$ 时,MRR 的值都为 1,即在返回结果集中排在第一位的专家都是与查询请求相关的专家。

本章将所提出的专家发现算法与 Balog(2006;2009)的模型 1(候选专家模型)算法和模型 2(文档模型)算法进行了比较。在比较时,取 $\eta=5$,具体结果见表 6-2。

表6-2   **三种算法的结果比较**

算法	p@10	MRR
本书的算法	0.87	1
Balog的模型1	0.78	1
Balog的模型2	0.83	1

从表6-2中可以看出，三种算法的MRR值都为1。但本章提出的算法的p@10值要优于Balog的两个模型，而模型2的表现要优于模型1，这一点与Balog的结论一致。当η取1时，本章提出的算法的p@10值与模型2相同，但也优于模型1。这说明本章提出的专家发现算法的表现要优于Balog的算法。

本章进一步对三种算法在每一个查询请求上的p@10值进行了分析（如图6-4所示），结果发现Balog的两个模型在Query4和Query8上的表现很差，p@10值分别只有0.4和0.5，而在其他查询请求上的表现与本章提出的算法基本相同。我们认为，造成这种现象的原因是Query4和Query8中存在一些在数据集中有多重含义的词，比如Query8中的memory在该查询中表示记忆，而在数据集中，该词汇还可以表示计算机的存储空间，因此，在Query8的返回结果中，存在一些硬件方面的专家。以上的分析说明本章提出的专家发现算法在处理语义方面要优于Balog的算法，因此，整体的表现也要优于Balog的算法。

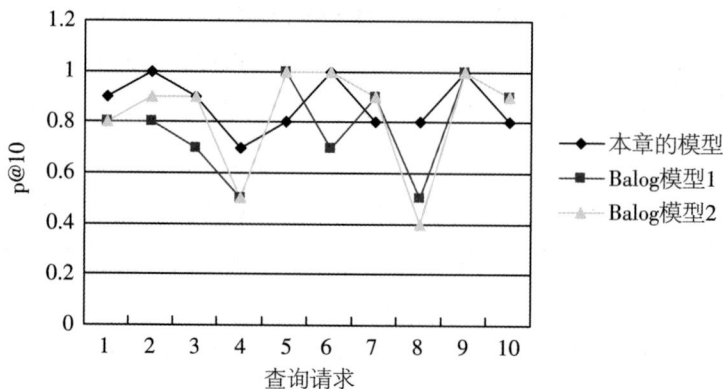

图6-4　每一个查询请求上p@10的比较

为了验证所提出的协作者推荐算法，本章分别计算了作者Jordan_M和De-Mori_R与其他用户的对称KL散度，并将对称KL散度最小的前10个用户作为协作者推荐给这两个用户，所推荐的协作者见表6-3。

根据所提出的协作者推荐算法，表6-3中所推荐的协作者应是与被推荐用户兴趣相似的用户。在5.5.2节中，本书已经对作者Jordan_M和

表6-3　　　　　　　为Jordan_M和De-Mori_R推荐的协作者

Jordan_M 的协作者	De-Mori_R 的协作者
Ghahramani_Z	Abrash_V
Andrieu_C	Bocchieri_E
Dunmur_A	Schmidbauer_O
Jaakkola_T	Wooters_C
Li_J	Franco_H
Uyar_H	Leung_H
Gee_A	Zavaliagkos_G
Beal_M	Giuliani_D
Kang_K	Haffner_P
Smith_G	Schwartz_R

De-Mori_R的兴趣进行了分析，Jordan_M的兴趣比较广泛，但主要是围绕着机器学习和贝叶斯推断等领域，而De-Mori_R的兴趣比较单一，主要是关于语音识别领域。在为Jordan_M推荐的10个协作者中，Ghahramani_Z，Andrieu_C，Jaakkola_T和Beal_M是与Jordan_M有合作关系的作者，其余的6个作者的研究兴趣也主要是机器学习和贝叶斯理论。为De-Mori_R推荐的10个协作者与他都没有合作关系，但这10个协作者的兴趣也都是围绕着语音识别领域的。以上的分析说明，本章提出的协作者推荐算法并不是简单地把与目标用户有合作关系的其他用户推荐给目标用户，而是推荐了那些与目标用户兴趣相似的其他用户，这些被推荐的协作者大部分与目标用户都没有过合作关系，是真正的潜在的协作者。

6.5　本章小结

本章提出了一种综合考虑候选专家的知识关联度和社会关联度的专家发现算法，该算法应用上一章中构建的用户专业知识模型，计算候选专家与请求用户之间的知识关联度，然后利用社会网络图计算候选专家与请求用户之间的社会关联度，最后根据专家的知识关联度和社会关联度，在请求用户和专家之间构建一个协作网络。此外，本章还应用用户的专业知识模型计算用户之间的相似度，将兴趣相似的用户作为协作者推荐给目标用户。在 NIPS 数据集上的实验结果表明，本章提出的专家发现算法和协作者推荐算法都是有效的。

第7章 结论与展望

近年来，企业社交媒体平台被认为是促进企业内员工知识共享和知识创新的有效手段，然而，目前许多企业内部的社交媒体平台都没有充分发挥出其在支持知识共享上的作用，其中最主要的两个障碍是难以找到相关的知识和难以找到相关的协作者。本书针对这两个障碍，借鉴知识管理中成熟的技术，并结合企业社交媒体平台的特点，对企业社交媒体平台中知识地图的构建，热点主题的识别，子社区的发现和专家发现算法等方面进行了理论研究和实验验证。

本书的主要研究内容概括如下：

（1）企业社交媒体平台中知识地图的构建。

知识地图可以对知识对象进行有效地组织，方便用户的浏览和学习。企业社交媒体所具有的平等和开放的特性使得自动文本聚类技术更适用于企业社交媒体环境下知识地图的构建。本部分的研究采用了神经网络聚类技术，对社区用户发布的文档形式的知识对象进行聚类，确定出知识对象所属的类别以及类别间的层次关系，并自动确定每一类所代表的主题，构造出了层级式的知识地图。

（2）企业社交媒体平台中热点主题的识别与分析。

社交媒体平台中的热点主题代表着用户的共同兴趣，将热点主题推荐给用户可以在一定程度上解决难以找到相关知识的问题。本部分的研究采用数据流状态建模的策略，详细阐述了应用隐马尔可夫模型对企业社交媒体平台中主题的活跃度建模的方法，从中识别出在一定时间段内活跃性强的主题，并将这些主题作为热点主题推荐给用户。在此基础上，本部分还应用时间序列聚类算法对不同的主题活跃度变化模式进行了探讨。

（3）企业社交媒体平台中的社区发现算法。

企业社交媒体平台中用户之间不断的交流和讨论行为会在兴趣相似的用户间构建出联系更为紧密的隐性的子社区，挖掘出这些子社区对于理解平台中用户知识的创造和共享，表示用户的兴趣具有十分重要的意义。本部分的研究基于主题模型，提出了一种结合用户间关系和用户讨论内容的社区发现算法——社区-用户-主题模型，弥补了已有的基于关系的社区发现算法的不足。另外，还应用社区-用户-主题模型对企业社交媒体平台中的用户建模方法进行了描述。

（4）企业社交媒体平台中的专家发现与协作者推荐。

专家发现是"拉"式的服务，而协作者推荐是"推"式的服务，两者相结合共同解决了企业社交媒体中难以找到相关协作者的问题。本部分的研究是在上一部分研究的基础上完成的。首先，构建了考虑专家的知识关联度和社会关联度的专家发现算法，利用用户的专业知识模型计算用户与查询请求间的知识关联度，并利用社会网络分析计算用户间的社会关联度，综合两者对候选专家排序。然后，根据用户对不同主题的兴趣，找到与目标用户兴趣相似的用户，将这些用户作为协作者推荐给目标用户。

本书的主要创新点和成果概括如下：

（1）在知识地图的构建中，对自组织映射神经网络算法做出了改进，提出了层级成长单元结构算法，该算法既可以自动确定出适合的网络结构，又可以反映出数据间的层级关系。在此基础上，提出了层级式的知识地图构建方法。

（2）采用数据流状态建模的方法来对企业社交媒体中主题的活跃度建模，从而识别社区中的热点主题。此外，还使用基于隐马尔可夫模型的时间序列聚类算法对不同的主题活跃度变化模式进行了分析，该方法利用了状态建模的成果，降低了计算成本和复杂性。

（3）在子社区发现算法中，对 LDA 模型及后续的扩展模型 CART 模型进行了改进，提出了一个社区-用户-主题模型，该模型相比传统的基于关系的社区发现算法，能够实现综合用户间合作关系和用户讨论内容的社区发现。并且，该模型相比于 CART 模型，更适用于存在用户双向交流的社会网络中的社区发现。

（4）考虑到了企业社交媒体所具备的社会性这一特点，在专家发现算法中考虑了用户间的社会关联度，并利用社会网络分析给出了用户间社会关联度的计算方法。在知识关联度的计算上应用了所提出的社区-用户-主题模型，通过与已有的专家发现算法的实验对比表明，本书的方法在处理语义方面要优于已有的算法，因而在整体绩效上也优于已有的专家发现算法。

尽管本书已经对促进企业社交媒体平台中知识共享的关键技术做了大量的研究工作并取得了一定的成果，但仍然存在不足之处，后续的研究工作将沿着以下几个方面展开：

（1）企业社交媒体中知识地图动态维护算法的研究。

随着企业社交媒体平台中用户生成内容的数量和涉及领域的不断增加，原有的知识地图将逐渐无法满足用户浏览和学习的需要，在这种情况下，就需要对知识地图进行维护和更新。本书在考虑到计算成本和用户认知成本的情况下，只提出了采用批量式、静态更新的方法来维护知识地图。然而这种静态更新的方式无法实时反映出知识的变化，因此，需要设计一种低计算成本和低认知成本的知识地图动态维护算法。

（2）企业社交媒体平台中主题活跃度变化模式的深入研究。

由于数据收集有限，本书只使用新闻数据验证了所提出的基于时间序列聚类算法的主题活跃度变化模式的分析方法。通过实验所得到的4

类变化模式是否能够代表企业社交媒体的真实情况需要收集大量的企业社交媒体中的数据来进行验证。后续的研究除了要利用真实的数据对不同的主题活跃度变化模式进行深入的分析外，还要有基于分析得到的变化模式，研究动态地检测热点主题的方法。

（3）对子社区发现算法的进一步研究。

本书提出的社区–用户–主题模型在挖掘子社区时需要预先给定子社区数和主题数，子社区数和主题数通常利用对数据的分析和已有的经验知识确定，往往带有主观性，会影响社区发现的效果。目前，已经有研究者使用 Hierarchical Dirichlet Process 来自动确定 LDA 模型中的主题数。后续研究将在借鉴已有研究的基础上，进一步探讨如何自动确定出社区–用户–主题模型中的子社区数和主题数。

（4）对社会关联度计算的进一步探讨。

本书在对专家发现算法的验证中，因为缺少用户的评价信息，而只对知识关联度的计算进行了验证。未来的研究将考虑在一个真实的企业中，借鉴 Blind Test 的思想，对在专家发现算法中引入社会关联度后的效果进行评价，并进一步探讨其他可行的社会关联度的计算方法。

参考文献

[1] 董颖. 知识服务机制研究 [D]. 北京：中国科学院软件研究所，2003.

[2] 姜益民，乐庆玲. 基于知识共享的虚拟社区构建研究 [J]. 情报杂志，2008（4）：15-17.

[3] 金昕，陈松，夏敬华. 基于企业2.0的群体式创新模式研究 [J]. 科技进步与对策，2013，29（24）：5-8.

[4] 经济合作与发展组织（OECD）. 以知识为基础的经济 [M]. 北京：机械工业出版社，1997.

[5] 林东清. 知识管理理论与实务 [M]. 北京：电子工业出版社，2005：23-24.

[6] 刘佳，樊治平，杨国梁. 一种面向知识共享的虚拟社区模型框架 [J]. 管理学报，2006，3（2）：190-194.

[7] 罗念龙，郭迅华，陈国青. 企业内部博客的持续使用模式分析 [J]. 信息资源管理学报，2012（2）：30-39.

[8] 潘星，王君，刘鲁. 一种基于概念聚类的知识地图模型 [J]. 系统工程理论与实践，2007（2）：126-132.

[9] 盛小平，田倩. 企业2.0在知识管理中的应用研究 [J]. 情报理论与实践，2011，34（2）：46-48.

[10] 孙元，贺圣君，尚荣安，等. 企业社交工作平台影响员工即兴能力的机理研究——基于在线社会网络的视角 [J]. 管理世界，2019，35（3）：157-168.

［11］ 孙元，彭新敏，潘绵臻．员工持续使用企业内部微博与社会资本互动影响机制研究［J］．商业经济与管理，2015（2）：27-35.

［12］ 唐果，陈宏刚．基于BBS热点主题发现的文本聚类方法［J］．计算机工程，2010，36（7）：79-81.

［13］ 韦俊仲，陈巍．虚拟企业知识共享风险浅析［J］．科学与管理，2008，2008（1）：25-26.

［14］ 徐小龙，王方华．虚拟社区的知识共享机制研究［J］．自然辩证法研究，2007，23（8）：83-86.

［15］ 赵文君．虚拟社区成员持续知识共享行为研究［M］．北京：中国经济出版社，2019.

［16］ 赵英，杨阁，谢彩云．基于SNA社交媒体对企业知识共享的影响研究［J］．财经科学，2014（10）：92-100.

［17］ 郑大庆，王雨，陈文波．企业社会化网络如何影响企业价值创造？——一个研究述评［J］．外国经济与管理，2020，42（7）：137-152.

［18］ ALARIFI A H E, SEDERA D, RECKER J. Posters versus lurkers: improving participation in enterprise social networks through promotional messages［C］. Proceedings of 36th International Conference on Information Systems, Fort Worth, Texas, USA, 2015.

［19］ ALI-HASSAN H, NEVO D, WADE M. Linking dimensions of social media use to job performance: The role of social capital［J］. The Journal of Strategic Information Systems, 2015（24）：65-89.

［20］ BALOG K, AZZOPARDI L, DE RIJKE M. Formal models for expert finding in enterprise corpora［C］. Proceedings of the 29th annual international ACM SIGIR conference on research and development in information retrieval.New York: ACM Press, 2006: 43-50.

［21］ BALOG K, AZZOPARDI L, RIJKE M D.A language modeling framework for expert finding［J］. Information Processing & Management, 2009, 45（1）：1-19.

［22］ BARLAS Y, KANAR K. A dynamic pattern-oriented test for model validation［C］. Proceedings of 4th Systems Science European Congress. Bingley: Emerald Group Publishing Limited, 1999: 269-286.

［23］ BARRETT M, CAPPLEMAN S, SHOIB G, et al.Learning in knowledge communities: managing technology and context［J］. European Management Journal, 2004, 22（1）：1-11.

［24］ BAUM L E, EGON J A. An inequality with applications to statistical estimation for probabilistic functions of a Markov process and to a model for ecology [J]. Bulletin of the American Mathimatical Society, 1967, 73: 360-363.

[25] BEHRENDT S, KLIER J, KLIER M, et al. The impact of formal hierarchies on enterprise social networking behavior [C]. Proceedings of the 36th International Conference on Information Systems, Fort Worth, Texas, USA, 2015.

[26] BEHRENDT S, RICHTER A, TRIER M. Mixed methods analysis of enterprise social networks [J]. Computer Networks, 2014, 75: 560-577.

[27] BERGER K, KLIER J, KLIER M, et al. "Who is Key?" -Characterizig value adding users in enterprise social networks [C]. Proceedings of the 22nd European Conference on Information Systems, Tel Aviv, Israel, 2014.

[28] BIBBO D, SPREHE E, MICHELICH J, et al. Employing wiki as a collaborative information repository in a media and entertainment company: the NBC Universal Case [C]. Proceedings of the 31st International Conference on Information Systems, Saint Louis, Missouri, USA, 2010.

[29] BICEGO M, MURINO V, FIGUEIREDO M A T. Similarity - based clustering of sequences using hidden markov models [C]. Machine Learning and Data Mining in Pattern Recognition. Berlin: Springer - Verlag, 2003: 86-95.

[30] BIEBER M, GOLDMAN - SEGALL1 R, HILTZ S R, et al. Towards knowledge-sharing and learning in virtual professional communities [C]. proceedings of the 35th hawaii international conference on system sciences.Washington: IEEE Computer Society, 2002: 2843-2852.

[31] BLEI D M, NG A Y, JORDAN M I. Latent dirichlet allocation [J]. Journal of Machine Learning Research, 2003, 3: 993-1022.

[32] BLEI D, LAFFERTY J. Correlated topic models: advances in neural information processing systems [M]. Cambridge: MIT Press, 2006, 18: 147-154.

[33] CARDON P W, MARSHALL B.The hype and reality of social media use for work collaboration and team communication [J]. International Journal of Business Communication, 2015, 52 (3): 273-293.

[34] CHEN C C, CHEN M C, CHEN M S.An adaptive threshold framework for event detection using hmm - based life profiles [J]. ACM Transactions on Information Systems, 2009, 27 (2): 1-35.

[35] CHEN H, SCHUFFELS C, OWIG R.Internet categorization and search: a machine learning approach [J]. Journal of Visual Communications and Image Representation Science, 1996, 7 (1): 88-102.

[36] CHEN H, SHEN H, XIONG J, et al.Social network structure behind the mailing lists [C]. ICT-IIIS at TREC 2006 ExpertFinding Track, TREC 2006 Working Notes, 2006.

[37] CHIU C M, HSU M H, WANG E T G.Understanding knowledge sharing in virtual communities: an integration of social capital and social cognitive theories [J]. Decision Support Systems, 2006, 42 (3): 1872-1888.

[38] CLEVELAND S, ELLIS T J.The role of microblogging capacities in knowledge sharing and collaboration in virtual team [C]. Proceedings of 21st Americas Conference on Information Systems, Puerto Rico, USA, 2015.

[39] CRASWELL N, DE VRIES A, SOBOROFF I.Overview of the TREC 2005 enterprise track: Proceedings of the fourteenth text retrieval conference (TREC 2005), 2006 [C].

[40] CRASWELL N, HAWKING D, VERCOUSTRE A M, et al. Panoptic Expert [C]. Searching for Experts not Just for Documents: Ausweb Poster Proceedings, 2001.

[41] CUMMINGS J, DENNIS A.Do SNS impressions matter? virtual team and impression formation in the era of social technologies [C]. Proceedings of 20th Americas Conference on Information Systems, Savannah, Georgia, USA, 2014.

[42] CUMMINGS J, REINICKE B.Enterprise SNS use and profile perceptions: a comparison of cultures [C]. Proceedings of the 20th Americas Conference on Information Systems, Savannah, Georgia, USA, 2014.

[43] DAVENPORT T H, PRUSAK L.Working knowledge: how organizations manage what they know [M]. Boston: Harvard Business School Press, 1998.

[44] DEMPSTER A P, LAIRD N M, RUBIN D B.Maximum likelihood from incomplete data via the EM algorithm [J]. Journal of the Royal Statistical

Society, 1977, 39 (1): 1-38.

[45] DIENG R. Knowledge management and the internet [J]. IEEE Intelligent Systems, 2000, 15 (3): 14-17.

[46] DIMICCO J M, GEYER W, MILLEN D R, et al. People sensemaking and relationship building on an enterprise social network site: Proceedings of the 42nd Hawaii International Conference on System Sciences, Hawaii, USA [C]. Washington: IEEE Computer Society, 2009: 1-10.

[47] DING C. A tutorial on spectral clustering [C]. Proceedings of the 25th International Conference on Machine Learning, 2004.

[48] DING G, LIU H, WEI S, et al. Leveraging work-related stressors for employee innovation: the moderating role of enterprise social networking use [C]. Proceedings of the 36th International Conference on Information Systems, Fort Worth, Texas, USA, 2015.

[49] DRABENSTOTT K M, WELLER M S. The exact-display approach for online catalog subject searching [J]. Information Processing & Management, 1996, 2 (6): 719-745.

[50] ELLISON N B, GIBBS J L, WEBER M S. The use of enterprise social network sites for knowledge sharing in distributed organizations [J]. American Behavioral Scientist, 2015, 59 (1): 103-123.

[51] ENGELBRECHT A, GERLACH J, BENLIAN A, et al. How employees gain meta-knowledge using enterprise social networks: a validation and extension of communication visibility theory [J]. Journal of Strategic Information Systems, 2019, 28 (3): 292-309.

[52] ENGLER T H, ALPAR P, FAYZIMURODOVA U. Initial and continued knowledge contribution on enterprise social media platforms [C]. Proceedings of the 23rd European Conference on Information Systems, Münster, Germany, 2015.

[53] FANG H, ZHAI C. Probabilistic models for expert finding: Proceedings of the 29th European conference on information retrieval [C]. Berlin: Springer-Verlag, 2007: 418-430.

[54] FIGUEROA J, CRANEFIELD J. Creating and sharing knowledge through a corporate social networking site [C]. The Impact of Employees' Perceptions on Effectiveness: Proceedings of the 16th Pacific Asia Conference on Information Systems, Ho Chiminh City, Vietnam, 2012.

[55] FORNEY G D. The Viterbi algorithm [J]. Proceedings of the IEEE, 1973, 61 (3): 268-278.

[56] FRITZKE B. Growing cell structures - a self - organizing network for unsupervised and supervised learning [J]. Neural Networks, 1994, 7 (9): 1441-1460.

[57] FULK J, YUAN Y C. Location, motivation, and social capitalization via enterprise social networking [J]. Journal of Computer - Mediated Communication, 2013, 19 (1): 20-37.

[58] GIBBS J L, EISENBERG J, ROZAIDI N A, et al. The "megapozitiv" role of enterprise social media in enabling cross-boundary communication in a distributed Russian organization [J]. American Behavioral Scientist, 2014, 59 (1): 75-102.

[59] GIBSON J. The theory of affordances [M]. NJ: Lawrence Erlbaum Associates, 1977.

[60] GONZALEZ E, LEIDNER D, RIEMENSCHNEIDER C, et al. The impact of internal social media usage on organizational socialization and commitment [C]. Proceedings of the 34th International Conference on Information Systems, Milano, Italy, 2013.

[61] GRIFFITHS T L, STEYVERS M. Finding scientific topics: Proceedings of the National Academy of Science [C]. 2004: 5288-5235.

[62] GUPTA H, WINGREEN S C. Understanding the mediating role of social media in virtual team conflicts [C]. Proceedings of the 18th Pacific Asia Conference on Information Systems, Chengdu, China, 2014.

[63] GUPTA H, WINGREEN S C. Examining the effect of social media tools on virtual team conflicts: A Process Model [C]. Proceedings of the 19th Pacific Asia Conference on Information Systems, Singapore, 2015.

[64] HARDEN G. Knowledge sharing in the workplace: A Social Networking Site Assessment: Proceedings of the 45th Hawaii International Conference on System Sciences, Hawaii, USA [C]. IEEE Press, 2012: 3888-3897.

[65] HAREL D, KOREN Y. Clustering spatial data using random walks: Proceedings of the 17th ACM SIGKDD international conference on Knowledge discovery and data mining [C]. New York, USA, ACM Press, 2001: 281-286.

[66] HOADLEY C M, KILNER P G. Using technology to transform

communities of practice into knowledge-building communities [J]. ACM SIGGROUP Bulletin, 2005, 25 (1): 31-40.

[67] HOFMANN T.Probabilistic latent semantic analysis: Proceedings of the 15th Conference on Uncertainty in Artificial Intelligence [C]. New York: ACM Press, 1999: 289-296.

[68] HSU M H, JU T L, YEN C H, et al.Knowledge sharing behavior in virtual communities: the relationship between trust, self-efficacy, and outcome expectations [J]. International Journal of Human-Computer Studies, 2007, 65 (2): 153-169.

[69] HUANG Y, CHEN J N, KUO Y H, et al.An intelligent human-expert forum system based on fuzzy information retrieval technique [J]. Expert Systems with Applications, 2008, 34 (1): 446-458.

[70] HUANG Y, SINGH P V, GHOSE A.A structural model of employee behavioral dynamics in enterprise social media [J]. Management Science, 2015, 61 (12): 2825-2844.

[71] JACKSON A, YATES J, ORLIKOWSKI W.Corporate blogging: building community through persistent digital talk: Proceedings of the 40th Hawaii International Conference on System Sciences, Hawaii, USA [C]. Washington: IEEE Computer Society, 2007: 80-80.

[72] KAI R, STIEGLITZ S, MESKE C.From top to bottom-investigating the changing role of hierarchy in enterprise social networks [J]. Business & Information Systems Engineering, 2015, 57 (3): 197-212.

[73] KANE G C.Enterprise social media: current capabilities and future possibilities [J]. MIS Quarterly Executive, 2015, 14 (1): 1-15.

[74] KANKANHALLI A, TAN B C Y, WEI K K.Contributing knowledge to electronic knowledge repositories: an empirical investigation [J]. MIS Quarterly, 2005, 29 (1): 113-143.

[75] KAUFMAN L, ROUSSEEUW P J.Finding group in data: an introduction to cluster analysis [M]. New York: John Wiley and Sons, 1990.

[76] KETTENBOHRER J, FISCHER D, BEIMBORN D, et al.How social software can support business process management-developing a framework [C]. Proceedings of the 21st Americas Conference on Information Systems, Puerto Rico, 2015.

[77] KLEINBERG J.Bursty and hierarchical structure in streams [J]. Data Mining and Knowledge Discovery, 2003, 7 (4): 373-397.

[78] KOHONEN T.Self-organized formation of topologically correct feature maps [J]. Biological Cybernetics, 1982, 43 (1): 59-69.

[79] KOHONEN T, KASKI S, LAGUS K, et al.Self-organization of a massive document collection [J]. IEEE Transactions on Neural Networks, 2000, 11 (3): 574-585.

[80] KRÜGER N, BROCKMANN T, STIEGLITZ S, et al. A framework for enterprise social media guidelines [C]. Proceedings of the 19th Americas Conference on Information Systems, Chicago, Illinois, USA, 2013.

[81] KÜGLER M, DITTES S, SMOLNIK S, et al.Connect me! antecedents and impact of social connectedness in enterprise social software [J]. Business & Information Systems Engineering, 2015, 57 (3): 181-196.

[82] KÜGLER M, SMOLNIK S.Just for the fun of it? towards a model for assessing the individual benefits of employees' enterprise social software usage: Proceedings of the 46th Hawaii International Conference on System Sciences, Hawaii, USA, 2013 [C]. Washington: IEEE Computer Society, 2013: 3614-3623.

[83] KÜGLER M, SMOLNIK S.Uncovering the phenomenon of employees enterprise social software use in the post-acceptance stage-proposing a use typology [C]. Proceedings of the 22nd European Conference on Information Systems, Tel Aviv, Israel, 2014.

[84] KÜGLER M, SMOLNIK S, KANE G.What's in IT for employees? understanding the relationship between use and performance in enterprise social software [J]. The Journal of Strategic Information Systems, 2015, 24: 90-112.

[85] KUMAR R, NOVAK J, RAGHAVAN P, et al.On the bursty evolution of blogspace: Proceedings of the 12th international conference on World Wide Web [C]. New York: ACM Press, 2003: 568-576.

[86] LAFFERTY M.J.Expectation-propagation for the generative aspect model: Proceedings of the 18th Conference on Uncertainty in Aitificial Intelligence [C]. New York: ACM Press, 2002: 352-359.

[87] LARSEN B, AONE C.Fast and effective text mining using linear-time document clustering: Proceedings of the fifth ACM SIGKDD International Conference on Knowledge Discovery and Data Mining [C]. New York: ACM Press, 1999.

[88] LEFTHERIOTIS I, GIANNAKOS M N.Using social media for work: losing

your time or improving your work? [J]. Computers in Human Behavior, 2014, 31: 134-142.

[89]   LEIDNER D, KOCH H, GONZALEZ E.Assimilating generation Y IT new hires into USAA's workforce: the role of an Enterprise 2.0 system [J]. MIS Quarterly Executive, 2010, 9 (4): 83-84.

[90]   LEONARDI P M.Social media, knowledge sharing, and innovation: toward a theory of communication visibility [J]. Information Systems Research, 2014, 25 (4): 796-816.

[91]   LEONARDI P M.Ambient awareness and knowledge acquisition: using social media to learn "who knows what" and "who knows whom" [J]. MIS Quarterly, 2015, 39 (4): 747-762.

[92]   LEONARDI P M, HUYSMAN M, STEINFIELD C.Enterprise social media: definition, history, and prospects for the study of social technologies in organizations [J]. Journal of Computer-Mediated Communication, 2013, 19 (1): 1-19.

[93]   LEONARDI P M, MEYER S R.Social media as social lubricant how ambient awareness eases knowledge transfer [J]. American Behavioral Scientist, 2015, 59 (1): 10-34.

[94]   LI N, GUO X, CHEN G, et al.Reading behavior on intra-organizational blogging systems: a group-level analysis through the lens of social capital theory [J]. Information & Management, 2015, 52 (7): 870-881.

[95]   LI N, WU D D.Using text mining and sentiment analysis for online forums hotspot detection and forecast [J]. Decision Support Systems, 2010, 48 (2): 354-368.

[96]   LIN F, HSUEH C.Knowledge map creation and maintenance for virtual communities of practice [J]. Information Processing and Management, 2006, 42 (2): 551-568.

[97]   LIN F R, LIN S C.A conceptual model for virtual organizational learning [J]. Journal of Organizational Computing and Electronic Commerce, 2001, 11 (3): 155-178.

[98]   LIN F, YU J.Visualized cognitive knowledge map integration for P2P networks [J]. Decision Support Systems, 2009, 46 (4): 774-785.

[99]   LIN M J, HUNG S W, CHEN C J.Fostering the determinants of knowledge sharing in professional virtual communities [J]. Computers in Human Behavior, 2009, 25 (4): 929-939.

[100] LIU H, CHEN Z, KE W, et al. The impact of enterprise social networking use on team performance: transactive memory system as an explanation mechanism [C]. Proceedings of the 18th Pacific Asia Conference on Information Systems, Chengdu, China, 2014.

[101] LIU J, RAU P L P.Impact of self-construal on choice of enterprise social media for knowledge sharing [J]. Journal of Computational & Theoretical Nanoscience, 2014, 42 (7): 1077-1089 (13).

[102] LIU L, LI J, LV C G. A method for enterprise knowledge map construction based on social classification [J]. Systems Research and Behavioral Science, 2009, 26 (2): 143-153.

[103] MACDONALD C, OUNIS I.Voting for candidates: adapting data fusion techniques for an expert search task: Proceedings of the 15th ACM international conference on Information and knowledge management [C]. New York: ACM Press, 2006: 387-396.

[104] MACDONALD D W.Recommending collaboration with social networks: a comparative evaluation: Proceedings of the 2003 ACM Conference on Human Factors in Computer Systems [C]. New York: ACM Press, 2003: 593-600.

[105] MAJCHRZAK A, FARAJ S, KANE G C, et al. The contradictory influence of social media affordances on online communal knowledge sharing [J]. Journal of Computer-Mediated Communication, 2013, 19 (3): 38-55.

[106] MALTE G, CHRISTIAN B, LUTZ K, et al. Measuring the utilization of collaboration technology for knowledge development and exchange in virtual communities: Proceedings of the Hawaii International Conference on System Sciences [C]. Washington: IEEE Computer Society, 2004.

[107] MASSICOTTE M.Improved browsable displays for online subject access [J]. Information Technology and Libraries, 1988, 7 (4): 373-380.

[108] MCAFEE A.Enterprise 2.0: The dawn of emergent collaboration [J]. MIT Sloan Management Review, 2006, 47 (3): 19-28.

[109] MCAFEE A.Enterprise 2.0: new collaborative tools for your organization's toughest challenges [J]. Journal of Information Technology Case & Application Research, 2009, 5 (4): 1-20.

[110] MCCALLUM A, WANG X R, CORRADA-EMMANUEL A.Topic and role discovery in social networks with experiments on enron and academic

email [J]. Journal of Artificial Intelligence Research, 2007, 30 (1):
249-272.

[111] MCQUEEN R J.Four views of knowledge and knowledge management:
Proceedings of the Fourth Americas Conference on Information Systems
[C]. Association for Information Systems, 1998: 609-611.

[112] MERALI Y, DAVIES J.Knowledge capture and utilization in virtual
communities: Proceedings of K-CAP' 01 [C]. New York: ACM Press,
2001: 92-99.

[113] MERZ A B, SEEBER I, MAIER R.Social meets structure: Revealing
Team Collaboration Activities and Effects in Enterprise Social Networks
[C]. Proceedings of the 23rd European Conference on Information
Systems, Münster, Germany, 2015.

[114] MIMNO D, WALLACH H, MCCALLUM A.Community-based Link Prediction
with Text [C]. Nips Workshop, 2004.

[115] MURTHY D, LEWIS J P. Social media, collaboration, and scientific
organizations [J]. American Behavioral Scientist, 2015, 59 (1):
149-171.

[116] NONAKA I.A dynamic theory of organizational knowledge creation [J].
Organization Science, 1994, 5 (1): 14-37.

[117] NONAKA I, TAKEUCHI H.The knowledge creating company [M]. New
York: Oxford University Press, 1995.

[118] NOVAK J D, GOWIN D B.Learning how to learn [M]. New York:
Cambridge University Press, 1984.

[119] ONG T, CHEN H, SUNG W, et al.Newsmap: a knowledge map for
online news [J]. Decision Support Systems, 2005, 39 (4): 583-597.

[120] OSCH W V, STEINFIELD C W, BALOGH B A.Enterprise social media:
challenges and opportunities for organizational communication and
collaboration: Proceedings of the 48th Hawaii International Conference on
System Sciences, Hawaii , USA [C]. IEEE Press, 2015: 763-772.

[121] PAN Y X, MILLEN D R. Information sharing and patterns of social
interaction in an enterprise social bookmarking service: Proceedings of
the 41st Hawaii International Conference on System Sciences, Hawaii,
USA [C]. Washington: IEEE Computer Society, 2008: 158-158.

[122] PARIKH N, SUNDARESAN N.Scalable and near real-time burst detection
from ecommerce queries: Proceedings of the 14th ACM SIGKDD

International Conference on Knowledge Discovery and Data Mining [C]. New York: ACM Press, 2008: 972-980.

[123] PARK A, KANG M S, LEE K J.Case study on the enterprise microblog usage: focusing on knowledge learning [C]. Proceedings of the 19th Pacific Asia Conference on Information Systems, Singapore, 2015.

[124] PATHAK N, DELONG C, BANERJEE A, et al.Social topic models for community extraction: The 2nd SNA-KDD Workshop [C]. New York: ACM Press, 2008.

[125] PETKOVA D, CROFT W B.Proximity-based document representation for named entity retrieval: Proceedings of the sixteenth ACM conference on Conference on information and knowledge management [C]. New York: ACM Press, 2007: 731-740.

[126] POLANYI M.Personal knowledge: toward a post-critical philosophy [M]. New York: Harper Torchbooks, 1962.

[127] POLANYI M.The tacit dimension [M]. London: Routledge and Keoan Paul, 1967.

[128] PORTILLO-RODRÍGUEZ J, VIZCAÍNO A, SOTO J P, et al.Fostering knowledge exchange in virtual communities by using agents: Proceedings of the 13th International Workshop on Groupware: Design, Implementation, and Use [C]. Berlin: Springer-Verlag, 2007: 32-39.

[129] POTHEN A, SIMON H D, LIOU K P.Partitioning sparse matrices with eigenvectors of graphs [J]. SIAM Journal on Matrix Analysis and Applications, 1990, 11 (3): 430-452.

[130] RABINER L R.A tutorial on hidden Markov models and selected applications in speech recognition [J]. Proceedings of the IEEE, 1989, 77 (2): 257-286.

[131] RAETH P, KÜGLER M, SMOLNIK S.Measuring the impact of organizational social web site usage on work performance: A multilevel model [C]. Proceedings of the 32nd International Conference on Information Systems, Shanghai, China, 2011.

[132] RAUBER A.LabelSOM: on the Labeling of Self-organizing maps: Proceedings of the International Joint Conference on Neural Network [C]. Washington: IEEE Computer Society, 1999: 3527-3532.

[133] RAUBER A, MERKL D, DITTENBACH M.The growing hierarchical self-organizing map: exploratory analysis of high-dimensional data [J].

IEEE Transactions on Neural Networks, 2002, 13 (6): 1331-1341.

[134] RAZMERITA L, KIRCHNER L, NABETH T.Social media in organizations: leveraging personal and collective knowledge processes [J]. Journal of Organizational Computing & Electronic Commerce, 2014, 24 (1): 74-93.

[135] RICHTER D, RICHTER A, HAMANN J, et al.Infrastructures-in-Practice: cultivating enterprise microblogging: Proceedings of the 46th Hawaii International Conference on System Sciences, Hawaii, USA [C]. Washington: IEEE Computer Society, 2013: 670-679.

[136] RICHTER A, RIEMER K. The contextual nature of enterprise social networking: A Multi Case Study Comparison [C]. Proceedings of the 21st European Conference on Information Systems, Utrecht, The Netherlands, 2013.

[137] RIEMER K, ALTENHOFEN A, RICHTER A. What are you doing? - enterprise microblogging as context building [C]. Proceedings of the 19th European Conference on Information Systems, Helsinki, Finland, 2011.

[138] RIEMER K, FINKE J, HOVORKA D.Bridging or bonding: do individuals gain social capital from participation in enterprise social networks? [C]. Proceedings of the 36th International Conference on Information Systems, Fort Worth, Texas, USA, 2015.

[139] RIEMER K, RICHTER A, SELTSIKAS P. Enterprise microblogging: procrastination or productive use? [C]. Proceedings of the 16th Americas Conference on Information Systems, Lima, Peru, USA, 2010.

[140] RISIUS M, BECK R.You reap what you sow? how knowledge exchange effectiveness is affected by different types of communication in enterprise social media [C]. Proceedings of the 47th Hawaii International Conference on System Sciences, Hawaii, USA, IEEE Press, 2014: 540-549.

[141] RODA C, ANGEHRN A, NABETH T, et al.Using conversational agents to support the adoption of knowledge sharing practices [J]. Interacting with Computers, 2003, 15 (1): 57-89.

[142] ROSEN-ZVI M, GRIFFITHS T L, STEYVERS M, et al.The author-topic model for authors and documents: Proceedings of the 20th Conference on Uncertainty in Artificial Intelligence [C]. New York: ACM Press,

2004: 487-494.

[143] SALTON G, BUCKLEY C.A vector-space model for automatic indexing [J]. Communications of the ACM, 1975, 18 (11): 613-620.

[144] SAVOLI A, BARKI H.Functional affordance archetypes: a new perspective for examining the impact of it use on desirable outcomes [C]. Proceedings of the 34th International Conference on Information Systems, Milan, Italy, 2013.

[145] SEEBACH C. Searching for Answers—knowledge exchange through social media in organizations: Proceedings of the 45th Hawaii International Conference on System Sciences, Hawaii, USA [C]. Washington: IEEE Computer Society, 2012: 3908-3917.

[146] SERDYUKOV P, HIEMSTRA D. Modeling documents as mixtures of persons for expert finding: Proceedings of the 30th European conference on information retrieval (ECIR 2008) [C]. Berlin: Springer-Verlag, 2008: 309-320.

[147] SHI J, MALIK J.Normalized cuts and image segmentation [J]. IEEE Transactions on Pattern Analalysis and Machine Intelligence, 2000, 22 (8): 888-905.

[148] SHIH J, CHANG Y J, CHEN W H.Using GHSOM to construct legal maps for Taiwan's securities and futures markets [J]. Expert Systems with Applications, 2008, 34 (2): 850-858.

[149] SIGALA M, CHALKITI K.Knowledge management, social media and employee creativity [J]. International Journal of Hospitality Management, 2015, 45: 44-58.

[150] SOBOROFF I, DE VRIES A, CRASWELL N.Overview of the TREC 2006 enterprise track [C]. Proceedings of the fifteenth text retrieval conference (TREC 2006), 2007.

[151] STIEGLITZ S, RIEMER K, MESKE C.Hierarchy or activity? The role of formal and informal influence in eliciting responses from enterprise social networks [C]. Proceedings of the 22nd European Conference on Information Systems, Tel Aviv, Israel, 2014.

[152] SUH A, BOCK G W.The impact of enterprise social media on task performance in dispersed teams: Proceedings of the 48th Hawaii International Conference on System Sciences, Hawaii, USA [C]. Washington: IEEE Computer Society, 2015: 1909-1918.

[153] SUN Y, SHANG R A.The interplay between users' intraorganizational social media use and social capital [J]. Computers in Human Behavior, 2014, 37: 334-341.

[154] SUN Y, ZHOU X, JEYARAJ A , et al.The impact of enterprise social media platforms on knowledge sharing: An affordance lens perspective [J]. Journal of Enterprise Information Management, 2019, 32 (2): 233-250.

[155] SWAN R, ALLAN J.Extracting significant time varying features from text: Proceedings of the 8th ACM Conference on Information and Knowledge Management [C]. New York: ACM Press, 1999: 38-45.

[156] SWAN R, ALLAN J.Automatic generation of overview timelines: Proceedings of the 23rd annual international ACM SIGIR conference on Research and development in information retrieval [C]. New York: ACM Press, 2000: 49-56.

[157] TREEM J W, LEONARDI P M.Social media use in organizations: exploring the affordances of visibility, editability, persistence, and association [J]. Communication yearbook, 2012, 36: 143-189.

[158] ULMER G, PALLUD J.Understanding usages and affordances of enterprise social networks: a sociomaterial perspective [C]. Proceedings of the 20th Americas Conference on Information Systems, Savannah, Georgia, USA, 2014.

[159] VAIL III E F.Knowledge mapping: getting started with knowledge management [J]. Information Systems Management, 1999, 16 (4): 16-23.

[160] VON KROGH G. How does social software change knowledge management? Toward a strategic research agenda [J]. The Journal of Strategic Information Systems, 2012, 21 (2): 154-164.

[161] WANG C Y, YANG H Y, CHOU S C.Using peer-to-peer technology for knowledge sharing in communities of practices [J]. Decision Support Systems, 2008, 45 (3): 528-540.

[162] WANG X, ZHAI C, HU X, et al.Mining correlated bursty topic patterns from coordinated text streams: Proceedings of the 13th ACM SIGKDD International Conference on Knowledge Discovery and Data Mining [C]. New York: ACM Press, 2007: 784-793.

[163] WANG X R, MCCALLUM A.Topics over time: a nonmarkov continuous

time model of topical trends: Proceedings of the 12th ACM SIGKDD international conference on Knowledge discovery and data mining [C]. New York: ACM Press, 2006: 424-433.

[164] WASKO M, FARAJ S.Why should I share? Examining social capital and knowledge contribution in electronic networks of practice [J]. MIS Quarterly, 2005, 29 (1): 35-57.

[165] WU A Y, GARLAND M, HAN J.Mining scale-free networks using geodesic clustering: Proceedings of the 10th ACM SIGKDD international conference on Knowledge discovery and data mining [C]. New York: ACM Press, 2004: 719-724.

[166] WU L. Social network effects on performance and layoffs: evidence from the adoption of a social networking tool [C]. Proceedings of the 32nd International Conference on Information Systems, Shanghai, China, 2011.

[167] WU L.Social network effects on productivity and job security: evidence from the adoption of a social networking tool [J]. Information systems research, 2013, 24 (1): 30-51.

[168] YI J. Detecting buzz from time - sequenced document streams: Proceedings of the 2005 IEEE International Conference on E-Technology, E-Commerce and E-Service [C]. Washington: IEEE Computer Society, 2005: 347-352.

[169] ZHANG X, CHEN H, SUN Y.Enhancing creativity or wasting time? The mediating role of adaptability on social media-job performance relationship [C]. Proceedings of the 19th Pacific Asia Conference on Information Systems, Singapore, 2015.

[170] ZHANG Y, FANG Y, HE W.Wiki-induced cognitive elaboration in project teams: an empirical study [C]. Proceedings of the 32nd International Conference on Information Systems, Shanghai, China, 2011.

[171] ZHOU D.Mining social documents and networks [D]. University Park: The Pennsylvania State University, 2008.

索引